GÜTERSLOHER
VERLAGSHAUS

Entdecken Sie mehr
auf www.gtvh.de

Hans-Martin Lübking

Was uns trösten kann

Texte und Erfahrungen

Gütersloher Verlagshaus

Meinen Eltern

Inhalt

Vorwort *9*

1. Erfahrungen mit dem Thema Trost *11*
2. Was ist Trost? *14*
3. Jeder braucht Trost *28*
4. Trostmarkt *51*
5. Der Trost der Freunde *59*
6. Aufgefangen werden *65*
7. Der Alltag *69*
8. Der Schlaf *72*
9. Die Natur *75*
10. Können Bücher trösten? *94*
11. Lerne leiden, ohne zu klagen – der Trost der Philosophie *98*
12. »Lasst euch nicht vertrösten« – Trost und Religionskritik *108*
13. Sich nicht trösten lassen *119*
14. Der Trost des Glaubens *124*
15. Trost und Musik *170*
16. Trost und Humor *179*

Anmerkungen *184*
Register *190*
Quellennachweis *191*

Vorwort

Trost brauchen wir alle, denn das Leben ist voller kleiner und großer Katastrophen. Der Tod eines geliebten Menschen, das Ende einer Beziehung, der Abschied von einem lange gehegten Wunsch – ohne Trost können wir nicht leben.

Doch was kann trösten? Den einen tröstet die Musik, andere brauchen ihren Hund. Was die einen vielleicht trösten mag, kann andere entsetzlich nerven. Patentrezepte gibt es nicht und Trost-Ratgeber helfen nicht wirklich. Denn Trost ist mehr als schöne Sprüche.

Trost spendet das, was wirklich verlässlich ist. Auf was oder wen aber kann ich mich wirklich verlassen? Das kann die gute Freundin sein, die immer da ist, wenn ich Hilfe brauche. Oder der Bruder, mit dem ich alles besprechen kann. Trost geschieht in einer persönlichen Beziehung, in der ich das Gefühl habe, verstanden zu werden, nicht allein auf der Welt zu sein und einen anderen Menschen zu haben, der zu mir hält. Oder Gott, der auch dann noch da ist, wenn sonst niemand mehr da ist.

Das Thema hat mich persönlich und beruflich über lange Zeit begleitet. In dieses Buch sind auch viele Erfahrungen aus meiner Arbeit als Pfarrer eingeflossen. Es ist kein wissenschaftliches Werk, auch wenn neuere Forschungsergebnisse etwa zur Trauer, zur Wirkung von Musik oder zum Erleben von Natur berücksichtigt sind. Das Buch wendet sich an Menschen, die nach Trost suchen oder mehr über Trost wissen wollen – etwa über den Trost des Gartens, den Trost der Philosophie, den Trost des Alltags oder den Trost des Glaubens.

Ich hoffe, dass Sie viel »Tröstliches« in dem Buch entdecken, und wünsche Ihnen, dass Sie beim Lesen den Trost finden, den Sie brauchen.

Hans-Martin Lübking

Erfahrungen mit dem Thema Trost

Ein kleiner Junge ist beim Spielen hingefallen und hat sich die Knie aufgeschlagen. Nur eine Schürfwunde, aber es blutet. Der Junge weint herzergreifend, man kann es nicht mitansehen. Doch dann ist die Mutter da. Sie hat das Schreien ihres Kindes gehört. Sie nimmt den Jungen in den Arm, pustet auf die Wunde und beruhigt: »Es ist halb so schlimm. Alles wird wieder gut.« Der Junge schluchzt noch ein paar Mal. Ein Pflaster kommt auf die kleine Wunde. Alles ist wieder gut.

Was Trost ist, kennen wir alle aus der Kindheit. Die Mutter oder der Vater haben uns getröstet, wenn wir gestürzt waren, unseren Teddy verloren hatten oder in der Nacht Angst bekamen. »Was Trost heißt, haben wir erfahren, bevor wir das Wort kannten.« (Franz-Xaver Kaufmann)

Trost brauchen wir alle: Die ältere Frau, die nach ihrem Mann nun auch ihre beste Freundin verloren hat, Begleiterin und Gesprächspartnerin in so vielen Jahren. Jeden Tag haben sie sich gegenseitig angerufen, jedes Jahr sind sie zusammen in den Urlaub gefahren.

Der junge Mann, dessen Freundin nach so vielen Jahren mit ihm Schluss gemacht hat. Richtig verstehen kann er es immer noch nicht. Er versucht, sich nichts anmerken zu lassen, doch innerlich hat es ihn aus der Bahn geworfen.

Die Flüchtlinge, die aus ihrer Heimat vertrieben wurden, alles zurücklassen mussten und sich nun in der Fremde zurechtfinden müssen. Wo sie die Sprache nicht verstehen, keinen Menschen kennen und alles fremd ist: das Klima, der Verkehr, die Behörden.

Trost brauchen wir alle, denn das Leben ist voller kleiner und großer Katastrophen.

Wir kennen die Bilder aus dem Fernsehen: Ein Flugzeug ist abgestürzt. Am Flughafen spielen sich erschütternde Szenen ab. Fassungslose Angehörige schlagen die Hände vors Gesicht und brechen in Tränen aus. Psychologen und Notfallseelsorger sind vor Ort und versuchen, zu stützen und aufzufangen.

Kann es in dieser Situation Trost geben? Der Schmerz wird noch lange bleiben.

Das Leben bekommt einen Knacks: eine schlimme Krankheit, eine traumatische Trennung, der Tod eines Kindes – und das Leben ist danach ein anderes.

Das Leben meiner Mutter hat mit 22 Jahren einen Knacks bekommen, als nach den Eltern und ihrem Bruder nun auch noch die Schwester als letztes Familienmitglied gestorben war. Nun war sie allein, eine prägende Erfahrung fürs ganze Leben.

So selten ist das nicht, wie es auf den ersten Blick scheint. Wir leben auf viel dünnerem Eis, als wir gemeinhin denken. Die Lebenserwartung ist gestiegen, die medizinische Versorgung ist in den letzten Jahrzehnten sehr viel besser geworden, aber die Lebensrisiken sind nicht geringer geworden. Das zeigt allein schon ein Blick auf die Zahl der psychischen Erkrankungen in Deutschland: Jeder Vierte leidet im Laufes seines Lebens unter einer behandlungsbedürftigen psychischen Störung. Bis zum 65. Lebensjahr erkranken gut 10 Millionen Menschen allein in Deutschland an Depressionen. Fast jeder Zehnte unter uns leidet unter einer klinisch relevanten Angststörung. Körperlich und seelisch völlig gesund – das bleibt ein Wunschtraum.

Das Leben bleibt Fragment – auch im besten Fall. Wir schaffen nicht alles, was wir uns vorgenommen haben. Wir müssen mit Verlusten leben. »Nimm die Tageszeitung – jeder Tag ist eine Wunde.« (Siegfried Lenz)

Der Ernstfall für die Frage nach einem möglichen Trost ist die Frage nach dem Tod. Der Mensch ist sterblich, das ist tröstlich. Doch jeder braucht Trost, wenn er an den eigenen Tod denkt. »Niemand lässt sich darüber trösten, dass er sterben muss«, sagt der Philosoph Hans Blumenberg. Oder gibt es einen Trost, der dem Tod standhalten kann? In Dankesbriefen, die nach der Bestattung eines Angehörigen verschickt oder veröffentlicht werden, kann man oft lesen: »Wir möchten uns bedanken bei allen, die uns auf vielfältige Art und Weise Trost gespendet haben« oder: »Es gibt uns Trost zu wissen, dass so viele Menschen sie (ihn) gern hatten.« Sind das bloße Formeln? Nein, das wäre zu einfach! Es ist auch Ausdruck der oft überraschenden Erfahrung, dass so viele Menschen nach einem schmerzlichen Verlust reagiert haben. In solchen Situationen kann man oft wohltuende Solidarität erleben: Wir sind mit dem eigenen Schmerz nicht allein gelassen worden. Das ist tröstlich!

Doch es gibt auch Situationen, in denen uns kein Trost erreicht. Der Schmerz sitzt zu tief. Kein Trost kommt gegen den Verlust an – er ist zu schnell, zu einfach, zu billig. Er scheint wie ein Verrat an dem, was man verloren hat – etwa beim Tod eines Kindes. Von Friedrich Rückert stammt die literarisch vielleicht bewegendste Totenklage über die eigenen Kinder. Im Winter 1833/34 starben die dreijährige Luise und der fünfjährige Ernst innerhalb von zwei Wochen an Scharlach. Den Schmerz über ihren Tod hat der Dichter zeitlebens nicht verwunden:

»Das sei mein Trost allein:
Untröstlich will ich seyn.«

Das Wort »Trost« kann darum auch negative Assoziationen und auch Ablehnung auslösen. »Zweimal die Woche kam der Pfarrer zu mir. Er hatte wohl das Gefühl, er müsse sich um mich kümmern. Er sprach mir dann gut zu und wollte mich trösten, indem er mir von den Zusicherungen der Bibel erzählte. Ich wollte aber von alldem nichts hören. Ich hatte auch kein Bedürfnis zu sprechen. Wenn ich ehrlich bin, wollte ich in dieser Zeit einfach stumm in meinem Schmerz bleiben.«[1]

Routinemäßigen Trost sollte man sich ersparen. Aber auch aufrichtige und mitfühlende Worte sind manchmal fehl am Platz. Sie erreichen den Trauernden nicht. Man kann einen Menschen nicht mit Trost bedrängen. Es gibt eine Zeit zu trösten und eine Zeit zu schweigen und sich zurückzuhalten. Manchmal ist Schweigen besser.

2. Was ist Trost?

Wieder salonfähig

Das Wort »Trost« ist seit einiger Zeit wieder salonfähig geworden. Nachdem es vor Jahrzehnten vor allem in intellektuellen Kreisen eher anrüchig war, das Wort in den Mund zu nehmen, kann man heute wieder unbefangen von »Trost« und »trösten« reden, ohne mitleidig belächelt zu werden. In den vergangenen Jahren sind zahlreiche seriöse Bücher zum Thema erschienen. Praktische Philosophen haben das Stichwort aufgegriffen, evangelische Akademien haben das Thema entdeckt. In populären psychologischen Zeitschriften und in den Wochenendbeilagen überregionaler Zeitungen sind die veränderte Situation wahrgenommen und das Trostthema in längeren Artikeln aufgenommen worden. Der Markt an populären Trost-Ratgebern ist in letzter Zeit fast unübersehbar geworden. Wer im Internet surft, findet auf den Lebenshilfe-Seiten zahlreiche gute Tipps zum Trösten in den unterschiedlichsten Lebenssituationen – und natürlich viele Beispiele für Trostworte und Trostsprüche bei Tod und Trauer.

Doch auch heute haben die Worte »Trost« und »trösten« nicht bei allen Menschen einen guten Klang. Manche empfinden diesen Worten gegenüber Abneigung und inneren Widerstand. Sie verbinden »Trost« mit unangenehmen Erinnerungen und Erlebnissen. Sie sind möglicherweise in einer schweren persönlichen Situation mit formelhaftem Trost abgespeist worden – mit aufmunternden Sprüchen oder wertlosen Ratschlägen, ohne Verständnis, ohne Einfühlung, ohne gemeinsames Ausharren im Leid. Das ist billiger Trost, der der Tatsächlichkeit des Verlustes und der Schwere des Leids nicht gerecht wird. Für manche Leute steht Trost für »nichts als Sprüche«.

Lange Zeit galt Trost aber auch als ein problematisches Wort, weil es unter dem Verdacht stand, schlechte Zustände oder harte Realitäten nur beschönigend zu verschleiern. Nicht Trost, sondern Empörung über die schlechten Verhältnisse war angesagt. Dahinter stand die Hoffnung oder Überzeugung: Die Verhältnisse lassen sich so verändern, dass ein Trost nicht mehr notwendig ist. »Fremder Trost ist gut, doch besser ist eigener Mut«, sagt ein altes Sprichwort. Trost passte nicht zu der optimistischen Vorstellung von der Veränderbarkeit der Lebensverhältnisse und -situationen. Als Folge einer Popularisierung der Religionskritik früherer Zeiten galt Trost in manchen Teilen als wesentlicher Bestandteil der Religion als eines Opiums des Volkes.

In psychologischen Werken kam »Trost« so gut wie gar nicht vor, und auch in der Theologie spielte der Begriff keine nennenswerte Rolle. Die Seelsorge-Bewegung der vergangenen Jahrzehnte ging auf Distanz, und in den großen theologischen Wörterbüchern wurde das Stichwort »Trost« meist ausgeklammert.

> Und schwierig ist's
> als Trost
> eine noch nicht entwertete Wortmünze
> zu finden
>
> Leise hat er sich entfernt
> um zu verschwinden hinter der Stille
> sterbensmüde
> von dieser lärmigen Welt
> JAN SKACEL

Das Wort Trost

Das Wort »Trost« ist sprachlich verwandt mit »Treue« und »Vertrauen«. Die indogermanische Wurzel (= »deru«) von Trost bezeichnet die Festigkeit des Kernholzes. Trost vermittelt das, was wahrhaft verlässlich ist. Ursprünglich ist Trost darum nicht nur etwas Innerliches und Emotionales, sondern auch tatkräftige Hilfe, Schutz und Rettung in der Not. Trösten bedeutet ursprünglich: jemanden durch aktive Hilfe stärken. Im Laufe der Zeit trat der Aspekt der wirksamen Hilfe beim Gebrauch des Wortes Trost zurück. Von Trost wurde vor allem in religiösen Zusammenhängen im Sinne einer seelischen Stärkung gesprochen. Damit vollzog sich eine Bedeutungsverschiebung: weg von der aktiven, konkreten Hilfe hin zu einem inneren Empfinden.

Gegenwärtig sprechen allerdings einige Indizien dafür, dass sich das Wort »Trost« wieder weitere Lebensbereiche zurückerobert. Großeltern sprechen von ihren Enkeln als »Trost des Alters«, es gibt den »Trost der Dinge«, Studierende nehmen ihre Stofftiere als »Seelentröster« mit in die Prüfung, viele finden Trost beim gemeinsamen Singen im Chor. Ich habe 35 Studierende befragt, was sie mit den Wörtern »Trost« und »trösten« verbinden und in welchen Situationen man ihrer Meinung nach Trost braucht. Nicht überraschend wurden am häufigsten »Traurigkeit und Trauer« sowie der Tod eines Angehörigen oder nahestehenden Menschen genannt, daneben auch »Krankheiten« und »Schicksalsschläge«. Auffallend ist aber, wie häufig schwierige Alltagssituationen in den Äußerungen der Studierenden vorkommen: »Einsamkeit«, »Ablehnung« durch andere, Niedergeschlagenheit nach dem »Scheitern von Beziehungen«, Frust nach verpatzten »Prüfungen«. Oft wird die »Trennung der Eltern« genannt, die einige offenbar selbst erlebt haben. Trost braucht man auch nach »Streit« in »persönlichen Notlagen« oder wenn man »das Gefühl« hat, »versagt zu haben«. Man benötigt »kleinen Trost« bei »Umzügen«, an »fremden Orten«, bei einer »Niederlage von Schalke 04« und nach »schlechten Noten« sowie »großen Trost« beim Tod der geliebten Großmutter. »Trost braucht jeder einmal«, haben fast alle geschrieben. Trost ist bei weitem nicht mehr auf die Situation von Tod und Trauer begrenzt, möglicherweise auch eine Folge der Zunahme psychischer Lebensrisiken in der modernen Gesellschaft.

»Trösten« ist einerseits »Zuhören und Zeit haben«, Mitfühlen und Verständnis haben und andererseits »helfen und da sein«, beistehen und »Schutz« bieten. Trost vollzieht sich vor allem kommunikativ durch Nähe und Zuwendung, im Gespräch und im »gemeinsamen Schweigen«. Häufig genannt wurden auch elementare Gesten: »in den Arm nehmen«, »Taschentücher reichen«, Tränen trocknen und für eine angenehme Atmosphäre sorgen. Doch Trost geschieht auch durch tatkräftigen Beistand: »Für einen Menschen in einer schwierigen Situation da sein« – durch »Kochen«, »gemeinsam Essen gehen« und die Erledigung von Aufgaben. »Da sein« umfasst emotionalen Halt und aktive Unterstützung.

Den Versuch, sich selbst zu trösten, sehen die Studierenden skeptisch: »Sich selbst trösten ist mit Resignation verbunden.« Das ist weniger Trost als »Ablenkung durch viel essen, laufen, shoppen usw.«. Man braucht eine Freundin oder einen Freund, die Mutter oder die Familie, die »Verbundenheit« in der Gruppe, um selbst getröstet zu werden. »Trost geht nicht ohne Vertrauen in eine andere Person.« Mehrere Studierende brachten Trost auch mit Hoffnung in Verbindung. Trost verändert die Perspektive: Es werden einem »die Augen geöffnet«, man gewinnt einen »neuen Blick auf die Situation, der etwas Positives beinhaltet«, und bekommt dadurch neuen Mut. Nicht zufällig wurde in diesem Zusammenhang auch der »Trost im Glauben« erwähnt.

Falscher Trost

Eine Arbeitskollegin, deren Vater im Alter von 85 Jahren gestorben war, erzählte mir: »Das Wort Trost konnte ich lange Zeit nicht mehr hören. Meine Freundin, unsere Nachbarn, selbst der Arzt im Krankenhaus, alle sagten mir, mein Vater habe doch ein schönes Alter erreicht. 85 Jahre – das sei doch nicht selbstverständlich. Was wissen die denn? Ich habe an meinem Vater gehangen. Der hat viel für mich getan und auf den konnte ich mich immer verlassen – bis zuletzt. Ich war so traurig, als er starb – und dann sagt meine Freundin, sie könne mich ja verstehen, aber er sei doch schließlich ein alter Mann gewesen. Wer weiß, was ihm alles erspart geblieben sei. Da war ich wirklich enttäuscht von meiner Freundin und habe ihr gesagt, sie verstehe gar nichts und solle mich mit ihrem billigen Trost verschonen.« Die Kollegin fühlte sich in ihrer Trauer um ihren geliebten Vater nicht ernst genommen. Im Grunde reduzierte ihre Freundin den Tod des Vaters auf den Normalfall eines alten Menschen, dessen Tod mit 85 Jahren keine Überraschung ist. Für die Kollegin war das eine Kränkung: »Stell' dich nicht so an, das ist nun mal der Lauf der Dinge!« Eine Kränkung, auf die sie mit Recht negativ reagiert hat, denn es ist ein billiger Trost, der der Tatsächlichkeit ihres Verlustes nicht gerecht wird. Trost setzt Sympathie und Verständnis voraus. Darum kann wohl nur der wirklich trösten, der die Tiefe des Schmerzes auch aus eigener Erfahrung ermessen kann. »Wer nie gelitten hat, weiß auch nicht, wie man tröstet.« (Dag Hammarskjöld)

»Kennt jemand einige schöne Trost-Sprüche? Meine Freundin hat vor einer Woche ihren Hamster und ihr Meerschweinchen verloren. Sie kommt noch nicht so richtig über den Tod ihrer geliebten Tiere hinweg, und ich möchte sie ein wenig aufmuntern und ihr mit ein paar schönen Sprüchen Trost spenden. Vielen Dank für eure Mithilfe«, fragt Lena im Internet. Auf eine Antwort muss sie nicht lange warten: »Es wäre schön, im Regen ein Tropfen oder am Strand ein Sandkorn zu sein. Aber am schönsten ist es, unter Milliarden von Menschen deine Freundin zu sein.«

Sogenannte Trostsprüche gibt es wie Sand am Meer: selbstgebastelte (»Auf jedem Weg findet sich ein Zauber.« Oder: »In deiner Sehnsucht findest du die Kraft für einen Anfang.«) und klassische (»Was man tief in seinem Herzen besitzt, kann man nicht durch den Tod verlieren.« [J.W. Goethe]) Wer sucht, findet Trostsprüche für alle Gelegenheiten des Lebens: Spruch-Beispiele für Kondolenzbriefe, tröstende Worte bei Krankheit und in privaten Notlagen, Trostsprüche bei Trennung und Liebeskummer, Trost beim Tod von Haustieren und bei nicht bestandenen Prüfungen. Ein Beispiel: »Was auch kommen mag, sei ohne Sorge! Nach jeder Nacht kommt ein neuer Morgen. In jedes Dunkel kommt mal ein Licht, das hell und strahlend durch die Wolken bricht.«

Wirklich trösten können solche Sprüche nicht. Sie sind irgendwo aufgeschnappt, schnell dahingesagt, ohne tieferes Verständnis für den besonderen, einzelnen Fall, austauschbar, oberflächlich, eventuell religiös garniert – das ist kein Trost, das ist Vertröstung. Vertröstung kann in verschiedenen Spielarten erfolgen: relativieren (»Es hätte ja noch viel schlimmer kommen können.«), verallgemeinern (»Das kann doch jedem von uns passieren.«), einlullen (»Alles wird wieder gut.«), ablenken (»Sie haben ja noch Ihre Kinder / Ihre Arbeit / Ihre Enkel«), appellieren (»Sie dürfen sich nicht so gehen lassen.«), pseudomitfühlen (»Ich kann Sie ja so gut verstehen.«) oder fromm tun (»Wir sind alle in Gottes Hand.«).

Vertröstungen werden meist schnell durchschaut. Als Betroffener spürt man, wann ein Trost ernst gemeint und glaubwürdig ist oder nicht. Dennoch sind allgemeine Trostsprüche, Aufmunterungen und Durchhalteparolen offensichtlich unausrottbar. Sie erklären sich vermutlich aus der Situation der vermeintlichen »Tröster«. Sie haben gar nicht die Absicht, sich intensiver mit der Situation des Trostbedürftigen zu beschäftigen – aus Zeitmangel oder eigener Unsicherheit oder geringer emotionaler Betroffenheit –, und entledigen sich mit einem schönen Spruch einer unangenehmen Situation, ohne selbst unhöflich zu erscheinen.

Doch trösten ist mehr als schöne Sprüche und »ein alberner Trost beleidigt«. (Marie von Ebner-Eschenbach)

Trost ist kein Ersatz

Trost kann den erlittenen Verlust nicht ausgleichen. Er bringt nicht zurück, was wir verloren haben. Wenn ein geliebter Mensch gestorben ist, wird es nie wieder so sein, wie es vorher war. Menschen sind nicht einfach ersetzbar. »Der Verlust eines geliebten Menschen kann nicht erfolgreich verdrängt oder vollständig kompensiert werden ... Es geht nicht darum, das Loch zu füllen, sondern damit zu leben.«[1]

Je älter wir werden, umso mehr müssen wir lernen, mit Verlusten zu leben. Verluste und Trennungen bestimmen unser Leben von der Wiege bis zur Bahre, sie sind Voraussetzungen für die Entwicklung der eigenen Persönlichkeit. Sie machen das Leben letztlich nicht ärmer, sondern reifer und tiefer.

Als der Sohn des Psychiaters Ludwig Binswanger 1929 mit acht Jahren an einer tuberkulösen Meningitis gestorben war, schrieb ihm sein Freund Sigmund Freud: »Man weiß, dass die akute Trauer nach solch einem Verlust ablaufen wird, aber man wird ungetröstet bleiben, nie Ersatz finden. Alles, was an seine Stelle rückt, und wenn es sie auch ganz ausfüllen sollte, bleibt doch etwas anderes. Und eigentlich ist es recht so. Das ist die einzige Art, die Liebe fortzusetzen.«[2]

Ganz ähnlich und doch etwas anders hat Dietrich Bonhoeffer die »Abwesenheit eines uns lieben Menschen« beschrieben. Er spricht nicht wie Freud von der Untröstlichkeit, sondern von der Dankbarkeit – und damit doch auch von Trost: »Zunächst: es gibt nichts, was uns die Abwesenheit eines uns lieben Menschen ersetzen kann. (…) Ferner: je schöner und voller die Erinnerungen, desto schwerer die Trennung. Aber die Dankbarkeit verwandelt die Qual der Erinnerung in eine stille Freude. Man trägt das vergangene Schöne nicht wie einen Stachel, sondern wie ein kostbares Geschenk in sich.«[3]

Trost lässt aufatmen

Oft führt die Sprache auf die richtige Spur. Das deutsche Wort »Trost« steht in einem sprachlichen Zusammenhang mit »Treue«, das hebräische Wort für Trost (nhm) geht wahrscheinlich auf die Grundbedeutung »heftig atmen, aufatmen, aufseufzen, wieder zu Atem kommen« zurück. Der Atem steht nach biblischer Vorstellung für den Vollzug des Lebens. Am Anfang der Bibel wird erzählt, dass Gott dem Menschen den Atem des Lebens in die Nase bläst: »Und so ward der Mensch ein lebendiges Wesen.« (1. Mose 2,7) Unser Atem hält uns am Leben. Doch in großer

Not und tiefer Verunsicherung stockt uns der Atem. Man bekommt kaum noch Luft. Angst schnürt die Seele ein. Trost braucht der Mensch, der keine Luft zum Atmen mehr hat. Trost besteht darin, wieder auf- und durchatmen zu können. Wer Trost erfährt, sieht für sich wieder eine Lebensperspektive. Trost eröffnet einen Weg ins Offene.

Wer bei einer schweren Erkrankung mit einer verunsichernden Diagnose in ein Krankenhaus eingeliefert worden ist, findet nicht darin Trost, dass er im Krankenhaus von anderen Schwerkranken umgeben ist; auch nicht darin, dass er dort von Schwestern und Pflegern liebevoll und fürsorglich versorgt wird. Die schlimme Diagnose führt fast immer dazu, dass sich die ganze Aufmerksamkeit auf die Erkrankung verengt. Ängstlich beobachtet man den eigenen Körper und die Reaktionen der Ärzte. Trost bringt alles, was aus der Enge herausführt und neue Hoffnung vermittelt. Alles, was neuen Lebensmut entfacht, wirkt in dieser Situation tröstlich.

Trost ist persönlich

Fulbert Steffensky schreibt von dem »tiefsten Trost«, den er in der Zeit nach dem Tod seiner Frau Dorothee Sölle erfahren hat: »Es waren Freunde und Freundinnen, die mich oft besuchten … Sie haben keine tröstende Worte gefunden, sie waren da und sie haben sich von meinem Unglück nicht vertreiben lassen.«[4]

Leid und Schmerz machen oft einsam. Man zieht sich selbst zurück, will mit seinem Schmerz alleingelassen werden oder die anderen ziehen sich zurück, Freunde und Verwandte, weil sie unsicher sind, wie sie sich verhalten sollen. In dieser Situation ist die beharrliche Unterstützung durch Menschen, die sich durch die oft abweisende Haltung eines Trauernden nicht abschrecken lassen, ungeheuer hilfreich: »Der Trost der Freunde war ihre Anwesenheit.« (Fulbert Steffensky)

Trost ist persönlich. Wenn der Boden wankt, kann die Verlässlichkeit von Freunden stabilisieren. Oft braucht es gar keine Worte, es genügten die Anwesenheit, das Schweigen und das Gefühl der Nähe. Geteiltes Leid, sagt das Sprichwort, ist halbes Leid: »Die mir am meisten geholfen haben, waren die Freunde, die einfach kamen, ohne viel Aufhebens zu machen, die mich auch nicht immer bemitleideten, sondern auch von sich erzählten, von ihrer Arbeit und von ihren Erlebnissen«, berichtet eine Frau von der Zeit nach dem Tod ihres Mannes.

Zeit haben und da sein

»Die Kanzlerin spendete Trost in Haltern«, titelte die Westfälische Rundschau am 21.10.2015. Ein halbes Jahr nach dem Absturz der Germanwings-Maschine in den französischen Alpen, bei dem 150 Menschen, darunter 16 Schülerinnen und zwei Lehrerinnen aus Haltern, ums Leben gekommen waren, besuchte Angela Merkel das Joseph-König-Gymnasium in Haltern. Die Schülersprecherin zeigte sich beeindruckt vom Besuch der Kanzlerin: »Sie hat einfach viel zugehört und mit jedem gesprochen. Das war keine Routine. Man spürt, dass es ihr nahe ging. Dass sie sich überhaupt die Zeit genommen hat, hier nach Haltern zu kommen, wo sie doch in Berlin genug zu tun hat, das fand ich ganz toll.«

Zeit haben, da sein und zuhören – das verbanden auch die von mir befragten Studierenden (vgl. S. 16f.) am ehesten mit dem Wort »Trost«. Ein türkisches Sprichwort bringt es ganz konkret auf den Punkt: »Trost wird man nicht finden, wenn nicht das Problem erzählt wird.« Wer sich für einen Trauernden Zeit nimmt, lässt die Alltagsgeschäfte ruhen und signalisiert damit: »Du bist mir wichtiger!« Tröstlich ist es dann zu wissen, dass da ein Mensch ist, dem ich etwas bedeute.

Aber auch erlebte Menschlichkeit und erfahrene Großmut können trösten. Jeder kennt aus seinem Leben Situationen, in denen er auf Hilfe angewiesen war – und diese Hilfe unverhofft und über alle Maßen erfahren hat. Als ich einen schweren Fahrradunfall hatte, war sofort die Verkäuferin aus einem Geschäft da, wusch meine blutenden Wunden, gab mir zu trinken, setzte mich auf einen Stuhl, rief den Notarzt an und blieb bei mir, bis der Arzt eintraf. Eine Frau, die ich gar nicht kannte und die mich spontan versorgte. Ich war berührt und getröstet. Dass es so etwas noch gibt: der Nachbar, der den Garten der gehbehinderten alten Dame mitpflegt und regelmäßig den Rasen mäht; die Studentin, die, von der Not der Flüchtlinge umgetrieben, ihre Semesterferien in einem Aufnahmelager verbringt; die Jugendlichen, die in ihrer Freizeit zweimal in der Woche ins Altenheim gehen und Computerkurse für Senioren anbieten. Jeder kennt solche Beispiele, wo Menschen ohne viel Aufhebens aus freien Stücken und uneigennützig zur Stelle sind und Hilfe leisten. Diese Beispiele rühren uns und trösten uns, denn sie versöhnen uns mit der Welt: »Es gibt noch Menschlichkeit!«

Man kann sich nicht selbst trösten

Trösten ist ein kommunikatives Geschehen. Wer trösten will, muss eine Beziehung aufnehmen: muss anrufen, besuchen, einen Brief schreiben, vorbeifahren, Kontakt aufnehmen. Trost kann nur in einer Beziehung entstehen. Denn man kann sich nicht selbst trösten. Man wird getröstet – von den Enkeln, vom Hund, von der Musik, in der Natur. Trösten ist ein dialogischer Vorgang. »Consolari«, das lateinische Wort für »trösten«, heißt wörtlich übersetzt so viel wie »mit dem anderen sein«. Wir brauchen zum Trost einen anderen Menschen, der uns beisteht und in der Krise begleitet.

Man kann trösten durch Worte und durch Gesten. Aber es müssen die richtigen Worte sein: der Situation angemessen, glaubwürdig, ehrlich. Wer Trost braucht, spürt sofort, ob Worte hohl oder ernsthaft sind. »Trost geht nicht ohne Vertrauen zur anderen Person«, schrieb eine Studentin. Wer tröstet, zeigt seine Gefühle. Das kann man oft besser durch Gesten als durch Worte. Die Studierenden nannten immer wieder: in den Arm nehmen, berühren, die Hand auflegen,

Taschentuch reichen, zusammen weinen, Tränen trocknen. Doch nicht jede Berührung stellt wirklich eine Verbindung her. Waren Umarmungen früher für Freundinnen und Freunde reserviert, so erleben wir heute eine Inflation von Umarmungen zwischen Menschen, die sich kaum kennen. Man kann darum verstehen, dass Trauernde auch misstrauisch sein können gegenüber demonstrativen Gesten. Die Umarmung, die Berührung allein macht es nicht; es kommt darauf an, ob sie Ausdruck tieferer Gefühle und persönlicher Beziehungen sind.

Trösten

Die Situation aufnehmen.
Erkennen, dass Du helfen musst.
Einer ruft Dich. Du wirst gebraucht.

Nimm Deine Hand zuhilfe: Streicheln.
Gebrauche Deinen Mund: Fragen.
Benutze Dein Ohr: Zuhören.
Verwende Dein Gehirn: Zusammenhänge klarmachen.
Setze Dein Herz an: Alternativen aufzeigen.

Trösten ist Arbeit an der Seele des Anderen.
In Zusammenarbeit mit Gott.
Uwe Kynast

Trost kann man nicht machen

Was Menschen tröstet, ist vielfältig. Den einen tröstet die Musik, andere brauchen ihren Hund. Der eine muss etwas Praktisches tun, die andere findet Trost im guten Schlaf. Manche sind gerne unter anderen Menschen, andere lieber allein im Wald. Was die einen vielleicht trösten mag, kann andere entsetzlich nerven.

So wie Schmerz und Leid wird auch Trost ganz subjektiv empfunden. Nicht jeder reagiert auf den Tod des geliebten Hundes gleich: Die eine trauert ein halbes Jahr lang, ein anderer besorgt sich nach 14 Tagen einen neuen Hund. Die tröstenden Worte der guten Freundin geben der einen neuen Lebensmut und erreichen das Herz einer anderen überhaupt nicht.

Hartmut von Hentig bezweifelt, ob es ihm »je gelungen ist, einem Menschen tatsächlich Trost zu geben«[5]. Das mag selbstkritisch gemeint sein, aber in Wahrheit kann von Hentig gar nicht wissen, ob er jemanden getröstet hat. Über die Wirkung des Trostes entscheidet allein der zu Tröstende.

Trost wird subjektiv empfunden, auch weil Menschen ganz verschieden sind. Es gibt auch eine »persönlichkeitsspezifische Empfänglichkeit für bestimmte Formen von Trost«[6], weil Menschen unterschiedliche Lebensgeschichten haben, Krisen anders bewältigen, nicht die gleichen religiösen Einstellungen haben und sich in der Persönlichkeitsstruktur voneinander unterscheiden. Darum entscheidet über die Wirkung des Trostes allein der zu Tröstende.

Trost muss auch ankommen, muss angenommen und gewollt sein. Eine tröstliche Berührung muss man auch akzeptieren, für gute Worte, aber auch für gemeinsames Schweigen muss man auch offen sein. Trost muss man auch zulassen, man kann ihn nicht erzwingen. Trost ist, trotz der Flut der Trostratgeber auf dem Buchmarkt und im Internet, keine Technik. Trost kann man nicht machen, Trost kann sich ereignen wie ein Akt von Gnade.

Sinn tröstet

»Du bist ja nicht ganz bei Trost!« Die Herkunft dieser Redewendung lässt sich nicht mehr genau ermitteln. Was gemeint ist, ist aber nicht schwer zu verstehen: »Du bist nicht bei Sinnen, du bist wohl nicht bei Verstand.« In unserer Alltagssprache existiert nur die negative Wendung. Kehrt man die negative Aussage um, dann wäre jemand bei Verstand oder »im Lot« und sähe die Dinge klar und angemessen, wenn er ganz bei Trost wäre.

Wer tröstet, bringt die Welt wieder in Ordnung – wie die Mutter oder der Vater, die das in der Nacht aufgewachte und schreiende Kind in den Arm nehmen, beruhigende Worte sprechen und ein Schlummerlied singen. Wer Trost braucht, ist durch ein Unglück oder ein Leid aus dem inneren Gleichgewicht geraten. Die Welt ist für ihn nicht mehr in Ordnung. Wer wieder zu Trost kommt, findet die innere Balance zurück und kann die Wirklichkeit so sehen, wie sie ist.

Der Philosoph Wilhelm Schmid stellt lapidar fest: »Sinn tröstet, darin besteht das Wesen des Trostes«[7] – und er beschreibt dann »das ganze Panorama des möglichen Sinns« von den »sinnlichen Erfahrungen« über »Kunst und Kultur« bis zur »Dimension der Transzendenz« und den Glauben.

Jahrhundertelang gab die christliche Religion in Europa eine allgemein akzeptierte Antwort auf die bedrängenden Sinnfragen des Lebens. Ob aus innerer Überzeugung oder aus bloß mitgesprochener Tradition – der Glaube an Gott als Woher und Wohin dieses Lebens verband die meisten Menschen in unseren Breiten. Er half, Unglücksfälle zu verarbeiten und mit einem oft mühsamen Leben fertig zu werden. Wissenschaftlich-technische Fortschritte, gestiegener Wohlstand und liberal-pragmatische Lebenseinstellungen führten in den vergangenen Jahrzehnten dazu, dass viele Menschen diese Grundüberzeugung verloren.

Es ist aber ein wesentlicher Unterschied, ob man von einer existierenden trostreichen Sinnordnung ausgeht, in der ein Mensch sich geborgen wissen kann, oder ob der Einzelne einen solchen tragenden Halt im Leben erst finden oder schaffen muss. Das biblisch-christliche Erklärungsmodell ist für viele fraglich geworden, doch an seine Stelle ist auch nichts Gleichwertiges getreten. Der christliche Glaube bietet immer noch einen Trost an, der auch nach 2.000 Jahren noch überzeugen kann: Der Trost des Glaubens steht und fällt mit der persönlichen Beziehung zu Gott. Nicht: Der Glaube tröstet, als Lehre oder als Zustimmung zum Glaubensbekenntnis. Sondern im Glauben kann ich Trost finden, im Vertrauen darauf, dass das eigene Leid oder der erlittene Verlust die Beziehung zu Gott nicht wirklich zerstören können. Der Trost des christlichen Glaubens ist darum das Vertrauen, in einer das Leben tragenden Beziehung zu Gott geborgen zu sein – in der Gewissheit, dass die Welt und auch das eigene Leben letztlich bei Gott in guten Händen sind. Christlicher Trost ist damit »mehr als eine Angelegenheit für schwere Stunden« (Klaus Nagorni), mehr als eine seelische Hilfe in den Extremsituationen des Lebens, sondern eine elementare und unaufhebbare Signatur des christlichen Glaubens selbst.

Starker und schwacher Trost

Man braucht nicht immer denselben Trost. Wenn man eine Prüfung nicht bestanden hat, von einer Frau abgewiesen wird oder wenn die erwachsen gewordenen Kinder das Haus verlassen, tröstet man sich nicht mit dem Gedanken an Gott und den Himmel, sondern mit guter Musik, dem Kauf eines neuen Kleides, dem Aufschreiben von Erinnerungen oder mit einem langen Telefongespräch mit einem guten Freund. Doch wenn es ernst wird, das Leben auf dem Spiel steht oder einem der Boden unter den Füßen weggerissen wurde, kann man sich nicht selber trösten und auch keinen Trost kaufen.

Der Philosoph Franz-Josef Wetz unterscheidet den »starken Trost« vom »schwachen Trost«, den großen Trost und die vielen kleinen Tröstungen und stellt fest: »Nichts kann vermutlich den starken Trost ersetzen, den der religiöse Glaube dem einzelnen zu spenden vermag. Ohne ihn verbleibt allerdings noch die Möglichkeit eines schwachen Trostes, der zwar nicht mehr Heil und Rettung verspricht, dafür aber maßvolle Trauer und innere Ruhe in Aussicht stellt.«[8]

3. Jeder braucht Trost

Verlusterfahrungen

In der Schule sitzen geblieben: Für viele Kinder und Jugendliche ist das noch immer ein traumatisches Erlebnis. Jeder fünfte Schüler hat es im Laufe der eigenen Schulzeit erfahren. Es ist das Gefühl, versagt zu haben – und alle haben es mitbekommen: die Mitschüler, die Lehrer, vor allem die Eltern und Geschwister. Eine Blamage für einen selbst. Nicht selten wird es vor der Verwandtschaft verschwiegen. Für den betroffenen Schüler heißt das auch: Er muss in eine neue Schulklasse wechseln, verliert die alten Freunde – eine demütigende Erfahrung.

Die Kinder gehen aus dem Haus: Die Tochter studiert, zieht in eine WG, kommt nur noch alle sechs Wochen nach Hause. Der Sohn wechselt für seine Firma zur Filiale ins Ausland. Er hofft, noch zweimal im Jahr nach Hause zu kommen. Die Kinderzimmer stehen leer, das Haus ist jetzt viel zu groß. Anfangs telefoniert man noch jede Woche, später werden die Abstände größer. Die Kinder fehlen – mit ihren Geschichten, ihren Problemen, ihren Freunden. Sie brachten das Leben ins Haus. Eine Verlusterfahrung und eine Situation der Trauer, die verarbeitet werden müssen. Das Ehepaar ist jetzt mit sich selbst allein und muss lernen, damit zurechtzukommen.

Der Hund ist gestorben: Die Kinder sind mit ihm groß geworden. Er war ihr Freund und Spielkamerad, solange sie zurückdenken konnten. Der Hund gehörte selbstverständlich zur Familie, jeden Abend ging der Vater mit ihm um den Block – ein festes Ritual. Der Hund war immer im Haus, auch wenn alle anderen nicht da waren – eine große Beruhigung. Nun ist der Hund gestorben und Außenstehende können überhaupt nicht ermessen, was dieser Verlust für die Familie bedeutet.

Alte Bäume werden abgeholzt: Die alten Kastanien an der Straße mussten einer Straßenverbreiterung weichen. Einige waren schon morsch, andere noch völlig gesund. Die Kastanien waren die Freude der Anwohner, ihre Blütenkerzen kündigten den Frühsommer an, im Herbst spielten nicht nur die Kinder mit den Kastanien Fußball. Die Kastanien gehörten zu ihrem Leben. Gegen die Abholzung hatten sich viele Anwohner bis zuletzt gewehrt. Es hat nichts genutzt. Ohne die Bäume sieht die Straße trostlos aus.

Nicht mehr Fahrrad fahren können: Sein Leben lang war der Rentner mit dem Fahrrad gefahren – zur Schule, zum Arbeitsplatz, zum Einkaufen, später mit alten Kollegen bei mancher Radtour. Doch nach dem Schlaganfall ging es nicht mehr. Das Fahrrad steht jetzt im Keller. Wieder ein Stück Selbstständigkeit, Beweglichkeit und Freiheit weniger. Das Leben ist immer weiter eingeschränkt.

Leben heißt auch, mit Verlusterfahrungen umzugehen. Verluste sind unvermeidlich und fast immer schmerzhaft. Sie werden im Alter wahrscheinlicher, wenn die sozialen Kontakte geringer werden und Krankheiten und Tod sich ankündigen. Doch Verluste stehen auch schon am Anfang des Lebens.

Schreiend kommt das Neugeborene zur Welt, wenn es die Stille, Wärme und Geborgenheit des Mutterleibes verlassen muss. Bekommt es in den nächsten Jahren Geschwister, verliert es die ungeteilte Aufmerksamkeit der Eltern und Großeltern und muss lernen zu teilen. Mit dem Besuch der Kindertagesstätte und noch mehr der Schule geht die selbstverständliche Nähe zu den Eltern verloren. Meist als Kinder oder als Jugendliche erleben wir den Tod der Großeltern, die wir besonders geliebt haben. Ein schwerer Verlust!

Wir verlieren unsere Kindheit, unsere Kinderfreunde, unseren Kinderglauben. Trennen sich die Eltern und geht die Familie auseinander, braucht man in der Regel viele Jahre, um damit zurechtzukommen. Mit jedem Umzug verlieren wir ein Zuhause und eine vertraute Umgebung, oft ein Stück Heimat. Liebeskummer und Trennungsschmerz bleiben kaum einem in jungen Jahren erspart.

Fast alle Menschen erleben den Tod der eigenen Eltern als schwierigen Prozess und großen Verlust. Gefühle werden wach, über die man längst hinweg zu sein glaubte. Oft wird einem der Verlust erst nach einiger Zeit bewusst. Es fehlen die, deren Verbundenheit man sich über viele Jahre sicher sein konnte, und die, die man über frühere Zeiten befragen konnte.

Der Abschied vom Berufsleben ist für alle ein Einschnitt. Viele sehnen den »Ruhestand« herbei, andere fürchten ihn. Oft bedeutet er auch das Ende einer verlässlichen Tagesstruktur, den Verlust der Anerkennung von außen und nicht zuletzt auch der langjährigen Kollegen.

Im Alter spüren wir, wie das Zutrauen zur eigenen Lebenskraft nachlässt und die eigene Attraktivität unaufhaltsam sinkt. Die Blüte des Lebens ist vorbei, mag man nach außen hin noch so fit, aktiv und rege erscheinen.

Das Leben ist auch eine Kette von Verlusten. Der Mensch ist ein trostbedürftiges Wesen. Was kann trösten?

Der Palliativmediziner Gian Domenico Borasio vergleicht die menschlichen Verlusterfahrungen mit einem Schweizer Käse: »Je reifer er ist, desto mehr und größere Löcher hat er ... Mit den Menschen verhält es sich ähnlich: Je älter wir werden, desto mehr und größere Verlusterlebnisse sammeln sich in unserer Lebensgeschichte an – beileibe nicht nur Todesfälle. Jedem dieser Verluste seinen Platz in unserem Leben zu geben, das entstandene Loch als Teil unserer Identität zu akzeptieren und mit den Erinnerungen weiterzuleben, ist ein Teil dessen, was persönliches Wachstum und menschliche Reifung ausmacht.«[1] Das ist gut gesagt, geschieht aber nicht von selbst. Um dankbar Abschied nehmen zu können und manchen Verlust in Stärke und Gelassenheit zu verwandeln, brauchen wir realen Trost, damit wir angesichts eines schweren Verlustes neuen Lebensmut schöpfen können.

Mühen und Sorgen des Lebens

»Das Leben, wie es uns auferlegt ist, ist zu schwer für uns, es bringt uns zu viel Schmerzen, Enttäuschungen, unlösbare Aufgaben. Um es zu ertragen, können wir Linderungsmittel nicht entbehren. ... Solcher Mittel gibt es vielleicht dreierlei: mächtige Ablenkungen, die uns unser Elend gering schätzen lassen, Ersatzbefriedigungen, die es verringern, Rauschstoffe, die uns für dasselbe unempfindlich machen. Irgendetwas dieser Art ist unerlässlich.«[2]

Immer wieder hat Freud in seinen Schriften die Leiden, die Enttäuschungen und die Ängste beschrieben, die das Leben mit sich bringe und denen der Mensch hilflos ausgesetzt sei. Er befinde sich in einer tragischen Situation:

»Die Absicht, dass der Mensch ›glücklich‹ sei, ist im Plan der ›Schöpfung‹ nicht enthalten«[3], erklärt der bekennende Pessimist Sigmund Freud.

Die Menschen müssten sich damit abfinden, in einer sinnlosen Welt zu leben. Das Schicksal, vor dem man sich nicht absichern könne, müsse man eben mit Ergebenheit ertragen lernen; denn »die Vorspiegelung« eines Großgrundbesitzes auf dem Mond, von dessen Ertrag doch noch nie jemand etwas gesehen hat, sei nur eine Täuschung. Was dem Menschen realistischerweise bleibe, seien »Wunschverzicht und Ergebung in das Schicksal«.[4]

Auch die Bibel spricht immer wieder von den Mühen und Sorgen, die unvermeidlich zum menschlichen Leben gehören. So erzählt es schon die Urgeschichte auf den ersten Seiten der Bibel: »Verflucht sei der Acker um deinetwillen! Mit Mühsal sollst du dich von ihm nähren dein Leben lang«, hört Adam nach dem Sündenfall. »Dornen und Disteln soll er dir tragen ... Im Schweiße deines Angesichtes sollst du dein Brot essen, bis du wieder zum Acker zurückkehrst, denn von ihm bist du genommen.« (1. Mose 3,17-19) Was hier dem Adam als »Strafwort« gesagt wird, ist im Grunde eine Beschreibung der täglichen Arbeit eines Bauern damals in Israel oder eines hart arbeitenden

Menschen auch heute noch irgendwo auf der Welt. Arbeit ist lebensnotwendig und sie ist mühselig. Dornen und Disteln wachsen auf allen Äckern dieser Erde und ohne Schweiß gibt es keinen Ertrag, keine Ernte. Die Arbeit wird hier weder glorifiziert noch geringgeschätzt. Die Bibel ist hier nicht pessimistisch, sondern nüchtern und höchst realistisch. Mühsal und Plage des menschlichen Lebens hören niemals auf, sie enden erst mit dem Tod. So haben Generationen von arbeitenden Menschen es über die Jahrhunderte hin erfahren.

Das Leben ist kurz und voller Mühsal, heißt es auch in der eindrücklichen Klage des 90. Psalms: »Unser Leben währt siebzig Jahre, und wenn's hoch kommt, so sind's achtzig Jahre, und das meiste daran ist Mühsal und Beschwernis, rasch geht es vorbei, als flögen wir davon.« (V.10) Mühsal und Erfolglosigkeit bestimmen das Leben – ein Trost ist nicht in Sicht. »Die Tage gehen dahin unter Seufzen« (V.9). Ein bitteres und sicher ein einseitiges Urteil, das mit großem Ernst die Hinfälligkeit menschlichen Lebens bewusst macht und jede Selbsttäuschung abwehrt.

»Geh aus, mein Herz, und suche Freud in dieser lieben Sommerzeit« gehört vermutlich zu den Lieblingsliedern der Deutschen. Es stammt von Paul Gerhardt, dessen Leben während des Dreißigjährigen Krieges jedoch wenig mit einer Sommeridylle gemeinsam hatte. Beide Eltern starben früh, mit 14 Jahren stand Paul Gerhardt allein in der Welt. Während seiner Lateinschulzeit in Grimma wütete im Ort die Pest. Sein Heimatort Gräfenhainichen liegt nach einem Überfall des schwedischen Heeres in Trümmern. Wenig später stirbt sein einziger Bruder Christian an der Pest. In seinen Liedern hat Paul Gerhardt sein persönliches Leid verarbeitet. Spät, mit 48 Jahren, hat er geheiratet. Seine Ehefrau Anna brachte fünf Kinder zur Welt. Nur ein Sohn blieb am Leben, die anderen starben in frühen Jahren. Schließlich starb auch seine Frau, gerade 45 Jahre alt. Paul Gerhardt dichtet: »Er hört die Seufzer deiner Seelen und des Herzens stilles Klagen; und was du keinem darfst erzählen, magst du Gott gar kühnlich sagen. Er ist nicht fern, steht in der Mitten, hört gern und bald der Armen Bitten.«

Paul Gerhardt erging es wie vielen seiner Zeitgenossen. Früher Tod, Seuchen, Unfälle, Hungersnöte, Stadtbrände, Ausplünderungen und Krieg waren damals Alltagserfahrungen, die er mit großer Sprachkraft in Worte gefasst hat, die bis heute berühren können.

Sorgen und Mühen prägten das alltägliche Leben über Jahrhunderte hinweg.

Die Lebenserwartung für Neugeborene lag bis etwa 1900 nicht höher als bei etwa 40 Jahren. Jedes zweite Kind erreichte das 10. Lebensjahr nicht. Viele Frauen starben bei der Geburt des vierten oder sechsten Kindes im Kindbett. Eine gute ärztliche Versorgung war für weite Bevölkerungskreise völlig außer Reichweite. Kinderarbeit war weit verbreitet. In ihrer »Sozialgeschichte der Kindheit« berichtet Erna Johansen[5] vom ständigen Hunger, von beengten Wohnverhältnissen, vom täglichen Betteln, von den häufigen Krankheiten, von der schlechten Schulbildung. Arbeit bestimmte das Leben, von klein auf und von früh bis spät. Freie Zeit gab es nur sonntags, während und nach dem Kirchgang. Und jede Generation machte ihre Kriegserfahrungen – mit abwesenden und »gefallenen« Männern, mit Einquartierungen und Ausplünderungen, mit Flucht und Vertreibung und nicht selten mit dem Verlust der eigenen Habe.

Der Mensch ist ein trostbedürftiges Wesen – das zeigt nicht nur der Blick auf die Lebensverhältnisse vergangener Zeiten, auch heute bestimmen Stress und Sorgen das Alltagsleben breiter Schichten der Bevölkerung: Welch' unendliche Mühe bedeutet es für viele Frauen, Beruf und Familie miteinander zu vereinbaren! Mit welchen Anstrengungen ist es für Kinder aus bildungsfernen Familien verbunden, ohne nennenswerte Unterstützung von Zuhause einen guten Schulabschluss und dann auch noch einen Ausbildungs- oder Studienplatz zu erreichen! Welche Schwerstarbeit leisten viele Familien, in denen pflegebedürftige oder demenzkranke Angehörige betreut und versorgt werden! Welche Überforderung bedeutet es manchmal für Alleinerziehende, ohne familiäre Hilfe und mit knappen Finanzmitteln Kinder großzuziehen und dabei auch noch das eigene Leben zu meistern! Welche Strapazen haben Flüchtlinge auf sich genommen, ihre Kinder und sich selbst vor Krieg und Verfolgung in Sicherheit zu bringen, eine gefährliche Flucht zu wagen, in einem fremden Land zurechtzukommen, eine fremde Sprache zu lernen und noch einmal von vorn anzufangen!

Martin Heidegger hat das menschliche Dasein in seinem Hauptwerk »Sein und Zeit« als »Sorge« beschrieben. Er nimmt damit einen alten Mythos auf, nach dem »die Sorge« den Menschen aus tonhaltiger Erde geformt hat, weshalb sie ihn als ihr Eigentum betrachtet, solange der Mensch auf Erden weilt. Ähnlich kommt »die Sorge« auch in Goethes Faust als graue, alte Frau vor, die durchs Schlüsselloch in den Palast Fausts eindringt, um ihn mit Blindheit zu schlagen.

Die »gebrechliche Einrichtung der Welt«

Die Erzählung »Die Marquise von O....« von Heinrich von Kleist beginnt mit dem Satz »In M..., einer bedeutenden Stadt im oberen Italien, ließ die verwitwete Marquise von O...., eine Dame von vortrefflichem Ruf und Mutter von mehreren wohlerzogenen Kindern, durch die Zeitungen bekannt machen: dass sie, ohne ihr Wissen, in andre Umstände gekommen sei, dass der Vater zu dem Kinde, das sie gebären würde, sich melden solle; und dass sie, aus Familienrücksichten, entschlossen wäre, ihn zu heiraten.« Dies geschieht denn auch »um der gebrechlichen Einrichtung der Welt willen«. Die Formulierung beschreibt einprägsam die Unvollkommenheiten, Schwächen, Irrtümer und tragischen Verstrickungen, die grundsätzlich zum Leben gehören. Kleist beschreibt in der Erzählung eine »unerhörte Begebenheit«. Die »gebrechliche Einrichtung der Welt« ist im normalen Leben meist alltäglicher und unspektakulärer sichtbar:

Alles geht seinen gewohnten Gang, doch plötzlich macht der Körper nicht mehr mit. Ein Zusammenbruch! Der Notarzt kommt, man wird ins Krankenhaus eingeliefert. Untersuchungen, Medikamente, strenge Bettruhe, man hängt an Schläuchen – wie aus heiterem Himmel. Krankheit ist mit quälender Ungewissheit verbunden: Wie steht es mit mir? Sagen mir die Ärzte die Wahrheit? Ängstlich beobachtet man den eigenen Körper und achtet auf jedes kleine Zeichen.

Krankheit verändert die eigene Tages- oder Lebensplanung. Arbeit, Freizeit, Urlaub, die gewohnte Umgebung – möglicherweise muss man fürs Erste alles aufgeben. Vieles muss neu organisiert werden. Nur eine Krankheit – und man fühlt sich vom Leben abgeschnitten, auf ein Abstellgleis gesetzt, abhängig von anderen Menschen.

Krankheit zeigt uns die Grenzen auf. »Es braucht weniger, als du denkst: drei Tage Schluckauf ... Seekrankheit, Sauerstoffmangel, Zahnweh. Schon zählt das 21. Jahrhundert nicht mehr ...« (Hans Magnus Enzensberger). Das Eis bricht ein, auf dem wir uns sonst routiniert und sorglos bewegen.

Besonders deutlich wird das bei einer depressiven Erkrankung. Cornelia S. war als stellvertretende Schulleiterin jahrelang hoch engagiert an ihrer Schule, geschätzt von ihren Kollegen und beliebt in ihrem Freundeskreis. Doch seit einiger Zeit wirkt sie wie versteinert. Sie hat an nichts Interesse, ist in ihrer persönlichen Gedankenwelt völlig gefangen, durch nichts aufzumuntern und wirkt körperlich und seelisch ziemlich ausgelaugt. Ihre Freundinnen und Kolleginnen kommen gar nicht an sie heran.

Ist Trost hier überhaupt möglich? Welcher Trost kann Menschen in dieser Situation überhaupt erreichen?

Depression heißt die neue und häufig auch unerkannte Volkskrankheit Nummer Eins. Etwa 17 Prozent der Bevölkerung erkranken statistisch gesehen im Laufe ihres Lebens an einer depressiven Erkrankung – das ist jeder Sechste.

Egal, ob diese Zahl in den vergangenen Jahrzehnten wirklich angestiegen ist oder ob Depressionen heute nur besser erfasst werden, die große Zahl psychischer Erkrankungen macht deutlich, dass komplette seelische und körperliche Gesundheit eine Utopie bleibt.

Trotz allen medizinischen Fortschritts wird es nicht gelingen, alle Krankheiten zu besiegen und alle körperlichen und seelischen Gebrechen zu heilen. Die Endlichkeit des Lebens und die Gefährdungen des Menschen kann die Medizin nicht beseitigen, Schmerzen und Leiden nicht ausrotten. »Ich bin ebenso wenig Herr meines Befindens, wie mein Körper Herr seiner selbst ist.« (Heinz Piontek).

Leidfreies Leben kann es nicht geben, auch wenn die Gesundheitsdefinition der WHO (Weltgesundheitsorganisation) das suggeriert: Gesundheit ist »der Zustand vollständigen körperlichen, geistigen und sozialen Wohlbefindens und auch nicht nur das Freisein von Krankheit und Gebrechen.«[6]

Das ist nicht nur illusorisch, sondern spiegelt auch eine höchst problematische Entwicklung im Gesundheitssektor. Gesundheit ist heute in Verbindung mit einem Idealbild von Fitness und Jugendlichkeit zum höchsten Gut geworden, zur Grundlage, Voraussetzung und Bedingung eines wertvollen Lebens. Im Gegenzug werden viele normale Lebensprozesse und Verhaltensweisen von der Gesundheitsindustrie heute als krankhaft und behandlungswürdig definiert. Von einer leidensfreien Gesellschaft sind wir weiter entfernt denn je. Im Gegenteil! Menschen leiden heute offenbar schneller und lauter denn je, getrieben von einem unrealistischen und unerfüllbaren Traum von Gesundheit, Fitness und Attraktivität. Elfmal im Jahr gehen die Deutschen im Durchschnitt zur Ärztin oder zum Arzt (damit sind sie Arztbesuchseuropameister) und sie fühlen sich deutlich kränker als die Menschen in zahlreichen anderen Ländern.

Hier ist an das Menschenbild der jüdisch-christlichen Tradition zu erinnern, das heute durchaus als heilsame Korrektur eine wichtige Orientierung sein könnte: Jeder Mensch bleibt ein verletzliches und unvollkommenes Wesen, das auf die Hilfe anderer Menschen angewiesen ist. Tod und Sterben gehören ebenso zum Leben wie Krankheit und die Gefährdung durch schwere Unfälle und bleibende Behinderungen. Vermeidbare Leiden müssen, soweit es nur geht, bekämpft werden, aber wir werden nicht alle Schmerzen verhindern können.

Das ist nicht nur ein Unglück, wie S. Lenz festgestellt hat: Der Schmerz »ist ein Seinsereignis, das zum Menschen gehört, und je länger wir über ihn nachdenken, desto entschiedener rät uns die Vernunft, ihn nicht allein als Unheil zu betrachten. Wenn wir ihn mit gelassener Aufmerksamkeit bestimmen, zeigt es sich, dass er auch einen Offenbarungscharakter hat; er eröffnet uns nicht nur unsere Ohnmacht und Verletzlichkeit, sondern lässt uns auch eine tröstliche Möglichkeit der Existenz erkennen – die Möglichkeit einer Bruderschaft im Schmerz.«[7]

Trost und Trauer

Elke K.s Mann war überraschend mit 66 Jahren an einem Herzinfarkt gestorben. Er plante mit seiner Frau eine größere Reise und wollte im Ruhestand vieles nachholen, wozu er in seiner Zeit als Abteilungsleiter einer städtischen Behörde nicht gekommen war. Seine Frau traf sein plötzlicher Tod wie ein tiefer Schock. Eine Welt zerbrach. Von heute auf morgen war das Leben völlig anders. Nie hatte sie vorher an so etwas gedacht.

Ich habe damals ihren Mann beerdigt. Bei den Gesprächen vor und nach der Beerdigung wirkte Elke K. gefasst und kontrolliert, aber man spürte, hinter der Oberfläche war eine große Leere. Die Beerdigung, sagte sie mir später, habe sie wie unwirklich erlebt. An meine Traueransprache könne sie sich nicht mehr erinnern.

Die Trauer setzte in voller Wucht einige Wochen nach der Beerdigung ein. Ihre Kinder, längst erwachsen, waren wieder abgereist. Sie war allein in dem jetzt viel zu großen Haus, in dem sie fast 40 Jahre mit ihrem Mann gelebt hatte. Erst jetzt wurde ihr wirklich bewusst, dass sie nun allein war. Ihr Mann fehlte – überall. Ihr fiel ein, was er alles für sie getan hatte. Schuldgefühle stellten sich ein. Sie machte sich und den Ärzten Vorwürfe und fand alles ungerecht – seinen frühen Tod, ihr Schicksal, Gott, der das zugelassen hatte. Bekannte versuchten, sie aufzumuntern – »du darfst dich nicht so hängen lassen, du musst jetzt nach vorne schauen« –, doch deren Worte erreichten sie gar nicht.

Ihr Leben lief äußerlich weiter, aber sie ging durch ein tiefes Tal. Immer wenn sie glaubte, ein wenig über den Tod ihres Mannes hinweg zu sein, wurde ihr die Realität des Verlustes erneut bewusst und der Schmerz setzte umso heftiger wieder ein.

Was ihr in dieser schweren Zeit schließlich doch geholfen hat, war das Singen im Chor. Sie hatte immer gern gesungen, doch nach dem Tod ihres Mannes war sie nicht mehr zum Kirchenchor gegangen. Zwei »Chorschwestern« hatten sie dann einfach von zu Hause abgeholt und waren mit ihr zur Chorprobe gefahren. Das war eine Wende, wie sie mir bei einem Besuch ein Jahr nach der Beerdigung erzählte. »Man glaubt, man wird allein damit fertig. Aber das geht nicht.« Das Singen und der Chor gaben ihr Halt und Trost – und ihre zwölfjährige Enkelin, die schon zweimal in den Ferien bei ihr gewesen ist.

Die Trauer hat sich verändert. Sie wird heute anders gelebt als zur Zeit der Groß- und Urgroßeltern. Jahrhundertelang war das Leben von der Gegenwart des Todes geprägt. Die Lebenserwartung war sehr viel niedriger, jede Krankheit, jeder Unfall, jede Geburt konnten auch leicht zum Tode führen. Den Tod in der Nachbarschaft bekam jeder mit, im Dorf wurde die Totenglocke geläutet, denn der Tod war eine öffentliche Angelegenheit, er betraf die Gemeinschaft. Die Toten wurden zu Hause aufgebahrt, die Nachbarn hielten die Totenwache und nahmen den Hinterbliebenen notwendige Besorgungen ab.

Bestattungen vollzogen sich in der Öffentlichkeit. Die Nachbarschaft, die Straße oder das Dorf begleiteten den Leichenzug zum Friedhof. Nach der Beerdigung versammelte man sich zum »Leichenschmaus«. Danach begann das Trauerjahr, in dem die nächsten Angehörigen, v.a. die Witwen, weitgehend dunkle Kleidung trugen.

Tod und Trauer waren bestimmt von festen Ritualen, die allen Beteiligten in einer außergewöhnlichen Situation Halt und Sicherheit vermittelten. Sie halfen den Angehörigen, die Trennung vom Verstorbenen zu vollziehen und nach einer Übergangsphase wieder am Leben der Gemeinschaft teilzunehmen. Eingebettet waren diese Traditionen in der Regel in den christlichen Glauben, der über viele Generationen hindurch für die Trauernden eine selbstverständlich akzeptierte Lebensdeutung sowie ein kollektives Trostangebot bereithielt.

Der Tod eines Menschen wird auch heute noch veröffentlicht, in der Zeitung oder durch »Totenbriefe« an Verwandte und Bekannte. Bibelverse und christliche Symbole, etwa das Kreuz, sind aus diesen Anzeigen noch nicht verschwunden, aber sie sind erkennbar in den Hintergrund gerückt. Stattdessen dominieren Bilder und Symbole aus der Natur: Rosen, Trauerweiden, untergehende Sonnen, auffliegende Vögel. Die Naturmotive signalisieren: Hier wird der Tod als natürliches Ende des Lebens verstanden. Aber wird das dem Tod gerecht?

Neuerdings sieht man auf den Todesanzeigen (und auch auf Grabsteinen) immer häufiger Fotos des Verstorbenen – deutliches Zeichen für die unübersehbare Privatisierung und Emotionalisierung der Trauer. In vielen Todesanzeigen rückt das Verhältnis zwischen den Angehörigen und den Verstorbenen ins Zentrum: Sie war »der Mittelpunkt der Familie«, »für uns alle da«, »herzensgut«, »warmherzig«, »stets bescheiden«, »ein guter Mensch«. Und die Hinterbliebenen versichern, »fassungslos« und »untröstlich« zu sein. Als könnten sie noch lesen oder hören, werden die Verstorbenen noch einmal angeredet: »Ruhe sanft und geh in Frieden, denk immer dran, dass wir dich lieben« oder: »Hab' Dank für deine Liebe, du wirst uns unvergessen sein«. Oder der Verstorbene wendet sich in seiner Todesanzeige noch einmal an die Angehörigen: »Wenn ihr mich sucht, dann sucht in euren Herzen, wenn ihr mich dort findet, dann lebe ich in euch weiter.«

Die meisten Trauersprüche – fast alle findet man auf den einschlägigen Seiten im Internet – kreisen um das Thema Erinnerung. Beliebt ist Albert Schweitzers »Das einzig Wichtige im Leben sind die Spuren von Liebe, die wir hinterlassen«, häufiger findet man noch: »Das Schönste, was ein Mensch hinterlassen kann, ist ein Lächeln im Gesicht derjenigen, die an ihn denken.« Man darf Traueranzeigen auch nicht überinterpretieren, aber sie sagen schon etwas aus über das herrschende Verständnis von Leben und Tod. Der moderne Mensch lebt und denkt diesseitig. Trauersprüche mit Transzendenzbezug sind selten geworden. Man hält sich an das, was man für machbar hält: In Erinnerung behalten! Doch wie lange dauert die Erinnerung? Spätestens 50 oder 70 Jahre nach unserem Tod lebt kaum noch jemand, der uns kannte. »Wir werden dich nie vergessen!« – das ist ein unhaltbares Versprechen.

Von ihrer Freundin hatte Karin B. von dem Angebot einer Trauerreise erfahren. Nach 35-jähriger Ehe war vor acht Monaten ihr Mann gestorben. In den ersten Monaten war sie noch nicht dazu in der Lage, aber nun hatte sie das Gefühl, mal »raus« zu müssen und wieder unter Menschen zu sein. Allein wollte sie nicht reisen, in einer normalen Reisegruppe hätte sie sich nicht wohlgefühlt, die Trauerreise aber bringt Menschen zusammen, die ein ähnliches Schicksal erlitten haben. Man musste nicht viel erklären, es war auch nicht peinlich, mal in Tränen auszubrechen. »Zum ersten Mal seit dem Tod meines Mannes konnte ich wieder lachen und singen.« Die Trauerreise war nicht ganz billig, aber Karin B. ist froh, sie gemacht zu haben. Das gemeinsame Wandern, die Gespräche, das Zuhören anderer, kulturelle Begegnungen und die Gemeinschaft mit Menschen, die vergleichbare Erfahrungen gemacht haben, haben ihr gut getan.

Trauerreisen liegen im Trend. Angeboten werden Reisen zu landschaftlich schönen Orten, meistens am Meer, Segeltörns, Wanderungen in den Bergen und auch Klosteraufenthalte. »Seminare, Reisen, Gespräche für einen gesunden Umgang mit Verlusten«, wirbt ein Anbieter.

Inzwischen gibt es eine regelrechte »Trauerszene«: Angeboten werden nicht nur Trauerreisen, sondern auch Trauerseminare, Trauerkurse, Trauercafés und viel Trauerbegleitung. Die Zahl der – meist selbsternannten – Trauerbegleiterinnen und -begleiter ist in den letzten zwei Jahrzehnten steil angestiegen. Noch nie wurden Trauern und Sterben so sehr thematisiert und auch »vermarktet« wie gegenwärtig. »Trauer wird oft nicht mehr gelebt, sondern konsumiert.«[8]

Eine Flut von Trauerratgebern überschwemmt den Büchermarkt. Immer geht es um »Hilfen und Ratschläge bei Trauer und Abschied«. Vermutlich ist der gegenwärtige Trauerboom auch eine Reaktion auf den Bedeutungsverlust öffentlicher Trauerrituale. Die Trauerreise ersetzt auch die frühere Solidarität der Nachbarschaft und der Gemeinde im Todesfall. Sinn der traditionellen Trauerrituale war es, den Angehörigen die Trennung von den Verstorbenen zu ermöglichen, um ihnen so einen Weg zurück ins Leben zu eröffnen. Trauer hatte »mit ihren beschreibbaren Verhaltensmustern und Requisiten ehedem die Aufgabe …, die Ordnung des (Zusammen-)Lebens wiederherzustellen, während sie in modernen Zeiten die (Weiter-)Lebensfähigkeit der Betroffenen gewährleisten soll.«[9]

Im Zuge der Privatisierung der Trauer steht nun die emotionale Befindlichkeit der Trauernden im Fokus, die gestützt und gestärkt werden soll. Dabei sprechen heutige Trauerratgeber auch immer wieder von den positiven Seiten der Trauer: Die Trauer sei im Grunde kein negatives Lebensgefühl, sondern eine kreative Lebenskraft, die neue Energien freisetze. Trauer sei wertvoll, eine neue Qualität des Lebens, weil man in dieser Zeit für die wichtigen Fragen des Lebens empfänglicher sei.

Rainer Sörries sieht in diesen Tendenzen zu Recht »die Gefahr einer Vergötzung« der Trauer. »Die Trauer bekommt einen Raum, der ihr gar nicht zusteht.«[10]

Die Trauer bleibt eine Lebenskrise, in der man, wie in allen Krisen, persönlich wachsen und reifen kann, von der man als Trauernder aber doch möchte, dass sie auch wieder vorübergeht. Dafür muss man nach herrschender Meinung heute aber auch viel tun, wie der unglückliche Begriff der »Trauerarbeit« zeigt. Trauer wird zur Arbeit, in der ich etwas tun muss, zu einer Leistung, die ich erbringen muss. Auch der Trost hängt dann von einer Aktivierung unserer Selbstheilungskräfte ab. Ich werde nicht getröstet, ich tröste mich selber. Geht das? Kann man sich am eigenen Schopf aus dem Sumpf ziehen? Vermutlich zeigen sich in solchen Verschiebungen die Auswirkungen unseres Machbarkeitsdenkens.

Jeder Mensch trauert anders. Wie die neuere Trauerforschung betont, ist Trauer kein linearer Prozess, in dem verschiedene aufeinanderfolgende Phasen beschrieben werden können. Trauer verläuft so individuell und verschieden, wie die Menschen sind, die trauern. Viele Hinterbliebene haben Panikattacken, andere suchen nach kurzer Zeit Ersatzbeziehungen. Die einen ziehen sich zurück und wirken wie gelähmt, andere fangen an, ihr Leben auf den Kopf zu stellen. Die einen neigen zu Depressionen, andere greifen zu Tabletten und Alkohol. Manche werden krank, wieder andere wirken wie befreit, blühen auf und werden kreativ. Oft reagiert ein- und derselbe Mensch extrem unterschiedlich. Das kann für Angehörige und Freunde manchmal irritierend und belastend sein. Doch in der Trauer gibt es kein richtig oder falsch.

Menschen versuchen, angesichts des Verlustes auf verschiedenen Wegen Trost zu finden. Die einen stürzen sich in die Arbeit, andere brauchen das regelmäßige Singen im Chor, wieder andere suchen nach kürzerer Zeit auch wieder nach einem neuen Partner. Doch der Verlust eines geliebten Menschen kann nicht durch »erfolgreiche Trauerarbeit« kompensiert werden. »Es geht nicht darum, das Loch zu füllen, sondern damit zu leben.«[11]

Zu den wichtigsten Aufgaben der Trauerarbeit gehört es, auf das gemeinsame Leben mit dem Verstorbenen zurückzublicken, sich zu erinnern und sich darüber klar zu werden, welchen Sinn die gemeinsame Zeit für das eigene Leben hatte. Dabei kann einem bewusst werden, was man dem Toten schuldig geblieben ist, was man ihm gern noch gesagt hätte, wofür man ihm gern gedankt oder um Verzeihung gebeten hätte. Menschliches Leben, auch jede Lebensgemeinschaft, bleibt Stückwerk. Als Christen wissen wir, dass menschliches Leben seinen Sinn und seinen Wert nicht aus dem bezieht, was es geleistet und erworben hat, sondern daraus, dass es von Gott geliebt und angenommen ist. Deshalb können wir eine Lebensgeschichte im Nachhinein auch ganz realistisch betrachten, mit ihren guten und ihren schlechten Seiten, ohne dass sie dadurch entwertet oder auch glorifiziert wird.

Das Gefühl des erlittenen Verlustes wird bleiben, aber mit der Zeit können auch Gefühle der Dankbarkeit für die gemeinsame Zeit hinzutreten. Der Verstorbene wird zu einem wesentlichen und dankbar erinnerten Bestandteil der eigenen Lebensgeschichte.

Der Trost des christlichen Glaubens geht allerdings über die dankbare Erinnerung hinaus. Auf dem Grabstein meiner Großeltern wie auf vielen anderen Grabsteinen aus dieser Zeit stehen die Worte: »Hier ruht in Gott«. Darin äußert sich die Überzeugung, im Tod von Gott aufgenommen zu werden. Ist der Tod nicht das absolute Ende, dann muss auch der Abschied von einem geliebten Menschen kein endgültiger sein. Es gibt eine Instanz, eine Macht, die Tote und Lebende verbindet und umfängt. »Denn ihm leben sie alle« (Lukas 20,38). Im Glauben hoffen wir, dass die Toten nicht einfach vergangen und verloren sind, sondern »in Gott ruhen«. Gott ist dann der Garant für eine Gemeinschaft der Lebenden und der Toten. »Der Trost in der Trauer liegt darum in der Erfahrung unzerstörbarer Gemeinschaft, im Wissen, dass der Tote in Gott geborgen ist, und im Bewusstsein, selbst in Gott geborgen zu sein.«[12]

Trost und Vergänglichkeit

Auch der schönste Urlaub ist mal zu Ende, die eigene Jugend ist irgendwann doch vorbei und auch die glücklichste Ehe wird irgendwann vom Tod geschieden. Nichts währt ewig, in dieser Welt ist nichts von Dauer. Alles ist endlich und vergänglich: Menschen, Tiere, Pflanzen, auch dieser Planet Erde und das Sonnensystem. Die Zeit, die uns zur Verfügung steht, ist grundsätzlich befristet. Sie wird immer weniger, sie verrinnt, läuft ab und niemand von uns kann ihren Schwund stoppen. Jeder kennt, wenn er älter wird, das Gefühl, die besten Lebensjahre lägen hinter einem. Nicht, weil Gesundheit und Leistungsfähigkeit erkennbar nachlassen, sondern weil die Mitte der eigenen Lebenszeit längst überschritten ist und die eigenen Lebensmöglichkeiten damit zwangsläufig geringer werden. »Es kommen härtere Tage. Die auf Widerruf gestundete Zeit wird sichtbar am Horizont.« (Ingeborg Bachmann)

Oft möchte man die Zeit anhalten, in Momenten besonderen Glücks, großer Liebe oder intensiv erlebter Freude. Doch nichts lässt sich festhalten. Immer wieder müssen wir Abschied nehmen – von vertrauten Orten, schönen Zeiten und von Menschen, die uns ans Herz gewachsen sind. Das sind Erfahrungen, die niemandem erspart bleiben.

In jedem Abschied steckt auch ein Stück Sterben, wie in jeder Endlichkeitserfahrung eine Vorahnung des Todes mitschwingt. Es ist kein Zeichen von Weisheit, diese Erfahrungen auszublenden, das eigene Alter zu verleugnen und so zu leben, als stünden uns unendlich viel Zeit und unbegrenzte Möglichkeiten zur Verfügung. »Natürlich wissen wir alle, dass wir sterben müssen, und doch tun wir so, als hätte das Leben kein Ende, als würde die Situation des Todes immer nur andere betreffen, von denen wir hören, dass sie endlich im Spital gestorben sind ... Meine Erfahrung war die: Wir leben das Leben besser, wenn wir es so leben, wie es ist, nämlich befristet«, schreibt der krebskranke Jurist und Schriftsteller Peter Noll kurz vor seinem Tod.[13]

Das Buch Kohelet ist ein Solitär im Alten Testament. Es ist mehr eine philosophische Abhandlung als eine erbauliche Sprüchesammlung. Kohelet sucht nach dem, »was gut ist für die Menschen, was sie tun sollten unter dem Himmel, solange sie leben.« (2,3) Zu Beginn schlüpft er in die Rolle eines Königs, der sich durch große Werke, durch Besitz und Reichtum, durch die Anhäufung von Wissen, aber auch durch viele Frauen Glück verschaffen will. »Was immer meine Augen begehrten, verwehrte ich ihnen nicht. Keine Freude versagte ich meinem Herzen.« (2,10)

Doch er muss erkennen, dass ein äußerlich glanzvolles Leben, dem es an Lust und Freude nicht mangelt, angesichts der Erfahrung des Todes in die Verzweiflung führt: »Alles war nichtig und ein Haschen nach Wind.« (2,17)

> Was hat der Mensch für Gewinn von all seiner Mühe,
> die er hat unter der Sonne?
> Eine Generation geht und eine Generation kommt,
> die Erde aber bleibt immer bestehen.
> Die Sonne geht auf, sie geht unter,
> und dann wieder von vorn, immer dasselbe.
> Jetzt weht der Wind von Norden, dann dreht er
> und weht von Süden, er dreht weiter und immer weiter,
> bis er wieder aus der alten Richtung kommt.
> Alle Flüsse fließen zum Meer,
> aber das Meer wird nicht voll.
> Das Wasser fließt zu den Quellen zurück,
> und wieder fließt es ins Meer.
>
> Alles Reden ist so voll Mühe,
> dass niemand damit zu Ende kommt.
> Das Auge sieht sich niemals satt
> und nie wird das Ohr vom Hören voll ...
> Was geschehen ist, wird wieder geschehen,
> was getan wurde, das wird wieder getan.
> Es geschieht nichts Neues unter der Sonne.
>
> (1,3-9)

Die einzige Ordnung, die man erkennen kann, ist die des eintönigen Kreislaufs aller Dinge. Unbewegt von allem geschäftigen Treiben der Menschen durchlaufen die Elemente nach eigenen Gesetzen ihre Bahn, unbeeindruckt durch das unaufhörliche Kommen und Gehen der Generationen bleibt die Erde immer unerschütterlich gleich.

Kohelet ist der große Prediger der Vergänglichkeit im Alten Testament. »Es ist alles eitel«, so beginnt das Buch und damit ist der Ton angeschlagen, der das ganze Buch durchzieht. Nichts in der Welt hat Bestand, auf nichts ist Verlass. Der Mensch muss doch sterben und kann nichts mitnehmen. Der Gute kann zugrunde gehen, der Schlechte lange leben. »Wo viel Weisheit ist, da ist auch viel Leid. Und wer viel weiß, vergrößert die Schmerzen.« (1,18)

Die letzte Ursache für die Nichtigkeit aller Dinge ist der Tod. Er macht alles zunichte, worum Menschen sich mit unendlich viel Einsatz in diesem Leben bemüht haben – und er macht alle einander gleich: Er trifft den Armen wie den Reichen, den Gerechten wie den Gottlosen, den Menschen wie das Vieh, und er tut dies plötzlich und unberechenbar, sodass er jede Lebensplanung zunichtemacht.

Kennt Kohelet keinen Trost?

An einigen Stellen wird die Klage über die Mühsal und Kürze des Lebens bei Kohelet unterbrochen durch die Ermahnung, die guten Tage des Lebens zu genießen. Der Mensch kann zwar die »Werke Gottes«, das »Ganze«, nicht verstehen, er kann sich aber an dem »Teil« freuen, den Gott ihm schenkt:

»Geh, iss dein Brot mit Freuden und trink deinen Wein mit frohem Herzen, denn dieses Tun hat Gott schon längst gefallen. Lass deine Kleider immer weiß sein und spare nicht mit Öl auf deinem Kopf. Genieße das Leben mit deiner Frau, die du liebst, all die Tage deines flüchtigen Lebens, die Gott dir unter der Sonne gegeben hat. Das ist dein Teil im Leben.« (9,7-9)

Der Trost besteht darin, die guten Zeiten im Leben entschlossen zu nutzen und die Früchte des von Gott geschenkten Wohlstands ohne kleinlaute Bedenken zu genießen – im Wissen um die Kürze des eigenen Lebens.

Unsere Weisheit nimmt zu in dem Maße, in dem wir uns unserer eigenen Grenzen bewusst werden. Auch unsere Freiheit? Das behauptet Peter Noll, der am 19.12.1981 mit der Diagnose eines tödlichen Blasenkrebses konfrontiert wurde und seine Erfahrungen bis zu seinem Tod am 09.10.1982 in einem Tagebuch festgehalten hat: »Niemand kann uns mehr nehmen als das Leben, und dieses wird uns ohnehin genommen. Dieser Gedanke gibt Freiheit, gibt geradezu frische Luft. Die Zwänge der vermeintlichen Bedürfnisse, die Karriere, die Statussymbole, die gesellschaftlichen Zwänge, sie werden mehr und mehr gleichgültig, und wir können zum Beispiel einfach sagen, was wir denken, rücksichtslos gegenüber den Konventionen und Mächten, die es uns verbieten wollen.«[14]

Kein Tag, keine Stunde dieses Lebens kehrt wieder. Aber darum hat jeder Tag des Lebens Wert und Gewicht. Wem wirklich bewusst ist, dass er nur einmal durch dieses Leben geht, und darum alles Gute, was er tun kann, jetzt tun muss, der wird auch bewusster und intensiver leben.

> Millionen Jahre waren, ehe es mich gab.
> Jahrmillionen werden vielleicht nach mir sein.
> Irgendwo in ihrer Mitte sind ein paar Sommer,
> in denen für mich Tag ist auf dieser Erde.
> Für diese Spanne Zeit danke ich dir, Gott.
>
> JÖRG ZINK

Es ist etwas anderes, auf ein Leben nach dem Tod zu hoffen oder sich ein endloses Leben ohne Tod vorzustellen. Wäre es wünschenswert, ewig zu leben und gar nicht sterben zu müssen? Der Tod kann nicht nur eine Erlösung nach langer schwerer Krankheit sein, die Begrenzung des Lebens durch den Tod ist bei genauerer Überlegung auch eine Wohltat. Würde das Leben nicht durch Anfang und Ende, durch Geburt und Tod begrenzt, dann wäre es nicht einmalig und unverwechselbar. Eine ewige Fortsetzung dieses Lebens wäre wahrscheinlich unerträglich, das nicht enden wollende Leben würde für uns zu einer völlig wertlosen und kaum zu ertragenden Belastung. Die Gesellschaft aller »Unsterblichen« um uns herum wäre nicht auszuhalten, es gäbe nichts Einmaliges, nichts Wunderbares, nichts Neues unter der Sonne, das ewige Leben wäre in Wahrheit eine Hölle auf Erden. Die Vorstellung, ewig leben zu müssen und nie sterben zu dürfen, wäre grauenhaft. Die Vergänglichkeit des Lebens lässt nach Trost fragen, die Endlichkeit des Lebens ist selbst ein großer Trost.

»Weil wir uns auf dieser Erde nicht ganz zu Hause fühlen«

In einem Gespräch mit dem Theologen Karl-Josef Kuschel erläuterte der Schriftsteller Heinrich Böll seine These, der Mensch sei »ja ein Gottesbeweis«. – »Wie meinen Sie das?« Darauf Böll: »Die Tatsache, dass wir eigentlich alle wissen – auch wenn wir es nicht zugeben –, dass wir hier auf der Erde nicht zu Hause sind, nicht ganz zu Hause sind. Dass wir also noch woanders hingehören und von woanders herkommen. Ich kann mir keinen Menschen vorstellen, der sich nicht – jedenfalls zeitweise, stundenweise, tageweise oder auch nur augenblicksweise – klar darüber wird, dass er nicht ganz auf diese Erde gehört.«[15]

Für einen zeitgenössischen Schriftsteller ungewöhnlich knüpft Böll hier an eine alte christliche Überzeugung an, die vielen in der Gegenwart nicht mehr zeitgemäß erscheint: Wir leben als »Gäste und Fremdlinge« auf Erden, die auch noch von einer anderen Zukunft wissen, die nicht von dieser Welt ist. »Denn wir haben hier keine bleibende Stadt, sondern die zukünftige suchen wir.« (Hebräer 13,14) Die frühen Christen warteten auf die Erlösung dieser ganzen »verkehrten Welt« im kommenden Reich Gottes. Deshalb leben sie in dieser Welt als Fremde, die noch eine andere Heimat kennen: »Unser Bürgerrecht aber ist im Himmel«, wie Paulus im Philipperbrief (3,20) schreibt.

Seitdem hat die Hoffnung, dass es nicht nur diese von Krieg und Katastrophen heimgesuchte Welt, nicht nur dieses oft genug durch Mühsal, Krankheit und unzeitigen Tod geprägte Leben gibt, sondern noch Besseres, das Reich Gottes, das Leben unzähliger Christen bestimmt. In dieser Hoffnung haben sie Trost gefunden.

> Ich bin ein Gast auf Erden
> Und hab hier keinen Stand:
> Der Himmel soll mir werden,
> Da ist mein Vaterland ...

Ich wandre meine Straßen
Die zu der Heimat führt,
Da mich ohn alle Maßen
Mein Vater trösten wird.

PAUL GERHARDT

Ist das Trost oder Vertröstung? Christliche Trostlieder vergangener Jahrhunderte werden heute oft schnell als befremdlich empfunden und beurteilt. Die Kritik ist bekannt: Anstatt der Erde treu zu bleiben und an einer Verbesserung der schlechten Zustände zu arbeiten, werde hier auf ein imaginäres Jenseits vertröstet.

Doch mit Weltflucht hat diese Hoffnung nichts zu tun. Wer so argumentiert, macht es sich zu leicht. Weltflucht war für Menschen, die mit dem täglichen Überleben alle Hände voll zu tun hatten, auch nur schwer möglich. Es ist die Hoffnung der kleinen Leute, für die Hunger, Unglück und Gewalt an der Tagesordnung waren. Einmal wird es anders sein. Der christliche Glaube sagt: Eine andere Welt ist möglich. Gott kann etwas völlig Neues schaffen, das die kühnsten Erwartungen weit übertrifft.

Diese Hoffnung hat ihnen die Kraft gegeben, in dieser Welt für ein besseres Leben zu kämpfen, wohl wissend, dass unter den Bedingungen dieser Welt kein Reich Gottes zustande kommt.

»Das Jenseits ist die Kraft des Diesseits«, sagte vor hundert Jahren der Theologe und Philosoph Ernst Troeltsch. Wer die Hoffnung auf das Reich Gottes teilt, kann in Freiheit und mit Leidenschaft das irdische Leben gestalten. Die Hoffnung auf eine größere Heimat ist keine Vertröstung.

Alle zehn Jahre werden die Kirchenmitglieder in der evangelischen Kirche nach ihrer Verbundenheit und ihren Erwartungen befragt. Bei der letzten Befragung antworteten 54,7 Prozent: »Ich bin in der Kirche, weil sie mir einen inneren Halt gibt«. Halt geben und Trost spenden – das gehört zu den wichtigsten Erwartungen, die mit der Kirche verbunden werden. »Die Menschen bringen ihre Ängste, ihre Trauer, ihre

Schuld in die Kirche in der Hoffnung, dass sie dort mit etwas Heilsamem in Berührung kommen.«[16]

Umgekehrt wird es ausdrücklich beklagt, wenn jemand in der Kirche Trost gesucht, aber nicht gefunden hat – wie der ehemalige Staatsminister und ZEIT-Mitherausgeber Michael Neumann 1999 in einem Interview bekannte: »Ich will Ihnen – ganz persönlich – sagen, was ich von der Kirche erwarte – oder viele Jahre lang erwartet, aber nicht gefunden habe: seelischen Trost.«[17]

Die Kirchen in Deutschland sind inzwischen zu Sozialkonzernen mit einem fast unüberschaubaren Angebot von Dienstleistungen geworden. So sehr diese soziale Arbeit der Kirchen auch geschätzt wird, haben die meisten Menschen doch ein Gespür dafür bewahrt, dass dies nicht die wichtigste Aufgabe der Kirche ist. Die wichtigste Aufgabe der Kirche bleibt es, den Menschen das Evangelium so nahe zu bringen, dass sie es als begründete Hoffnung für ihr Leben und als Hilfe für ihren Alltag verstehen und erfahren können. Trösten ist eine Grundaufgabe der Kirche. Wo sie nicht wahrgenommen wird, geht die Nähe zu den Menschen verloren. Für die Kirche wäre das eine Katastrophe. Eine Kirche, die keinen Trost zu bieten hat, ist selbst trostlos.

Trostmarkt 4.

Trostmarkt

In seiner zehnten Duineser Elegie kommt Rainer Maria Rilke auf den Trost der Kirche zu sprechen:

> O, wie spurlos zerträte ein Engel ihnen den Trostmarkt,
> den die Kirche begrenzt, ihre fertig gekaufte:
> reinlich und zu und enttäuscht wie ein Postamt am Sonntag.[1]

In einer hermetischen und schwer zugänglichen Sprache kritisiert Rilke hier den »Trostmarkt« der Kirche, weil hier billige Trostware angeboten, das Leben beschönigt und dem Tod nicht standgehalten werde. Für Rilke gehört es zum Reichtum menschlichen Daseins, den Schmerzen nicht auszuweichen und die Trauer auch zu durchleben.

Rilke veröffentlichte die Duineser Elegien im Jahr 1923. Inzwischen haben sich die Verhältnisse verändert. Es gibt immer noch einen Trostmarkt, aber er ist weitgehend aus der Kirche ausgewandert und heute eher in den Medien und in der ausufernden Ratgeberszene zu finden.

Das Fernsehen ist der moderne Seelentröster schlechthin. Es ist verlässlich da, rund um die Uhr. Wenn ich den Fernseher einschalte, bin ich nicht allein. Was das Fernsehen zeigt, ist im Grunde egal. Ich höre Stimmen, sehe Bilder, ich werde beruhigt. Das Fernsehen lenkt ab, es schenkt ein paar Stunden der Entlastung. In den Fernseher zu schauen, statt das eigene Leben unter die Lupe zu nehmen, löst zwar keine Probleme, lenkt aber vorübergehend ab, beruhigt und unterhält.

Zu den beliebtesten Fernsehsendungen gehören die Krimis, die sich in den letzten Jahren auf fast allen Kanälen immer mehr ausgebreitet haben. In einem guten Kriminalfilm wird das abgrundtief Böse in der Welt nicht ausgespart. Verbrechen werden häufig möglichst drastisch dargestellt, damit die Zuschauer emotional beteiligt werden: »So geht es zu in der Welt!« Der wahre Täter wird nach einigen Irrungen und Wirrungen erst am Schluss gefasst. Doch letztlich siegt die Gerechtigkeit. Das Böse hat keinen Erfolg, die Welt wird wieder in Ordnung gebracht. Wie tröstlich!

In zahllosen Serien und Problemfilmen werden Beziehungskonflikte, Alltagsdramen und Lebenstragödien aufgegriffen. Eine Auswahl aus dem Programm einer Woche: »Ohne dich. Episodenfilm über eine krebskranke Hebamme«, »Am Ende des Sommers. Bewegende Seelenreise über einen 18-Jährigen auf der Suche nach seinem Vater«, »Be My Baby. Eine junge Frau mit Down-Syndrom erwartet vom Nachbarsjungen ein Kind«. In diesen Filmen wird Krankheit meist überwunden, Schuld wird vergeben, Liebe wird erneuert und das Leben erhält eine neue Chance. Natürlich handelt es sich um mediale Fiktionen. Doch zumindest für die Dauer des Films kann die Bewältigung der angesprochenen Schicksalsfragen miterlebt und mitgefühlt werden. Ein Trost!

Nicht nur im Fernsehen, sondern auch in Buchhandlungen, im Internet und bei den zahlreichen Seminarangeboten von Psychologen, Therapeuten, Coaches und Trauerbegleitern wird heute fündig, wer nach Trost in seinem Leben sucht. »Hier bist du willkommen mit all deinen geweinten und ungeweinten Tränen, mit deinen Sorgen und Ängsten, mit deiner Wut und deinem Zorn. Hier darfst du sein, wenn du untröstlich bist. Wenn du nicht mehr weiter weißt, wenn scheinbar alles sinnlos ist«, heißt es auf der Internet-Seite eines der vielen Online-Seminare zu Trost und Trauerbegleitung. In solchen Seminaren kann man sowohl lernen, seine Wut und seinen Zorn zu bearbeiten und darüber Trost zu finden, als auch »richtig« Trost zu spenden. »Trost spenden – so nicht!« und »Trost spenden – so tröstet man richtig!« Angeboten werden Methodenworkshops für Trauernde, geworben wird für eine »einfache Methode, das Gehirn auf gute Laune zu programmieren«. Trost ist offenbar eine Frage der richtigen Technik.

Basis aller Seminare und Ratgeber in Sachen Trost ist die Annahme, dass sich die Lebensprobleme erfolgreich bearbeiten lassen und man Trost lernen könne.

Das signalisieren auch die Buchtitel der Trostratgeber, die gegenwärtig in allen Buchhandlungen vorgehalten werden: »Ein Hauch vom Himmel. Getröstet in Zeiten der Trauer«, »Du tröstest mein Herz. Musik schenkt Trost, wenn Worte fehlen«, »Wie aus Schmerzen Perlen werden. Mein Trostbuch«, »Das Dunkel wird nicht bleiben. Ein Trostbuch für Trauernde«. Das ist nur eine kleine Blütenlese. Trostratgeber gibt es wie Sand am Meer, die Titel sind fast austauschbar. Immer enthalten sie Lebensweisheiten, auch Bibelverse, kurze Impulstexte und meditative Bilder, meist aus der Natur. Fast immer gehören dazu auch kleine Geschichten von gelungenem Trost, oft Erfahrungsberichte nach dem Muster: »Wahre Geschichten aus dem wirklichen Leben.«

Trostratgeber appellieren häufig an die Selbstheilungskräfte im Menschen. Sie wollen die Trostsuchenden »in Kontakt mit den heilenden Kräften in uns selber« bringen und diese für die Bewältigung des eigenen Lebensproblems aktivieren. Der Trost soll auch von innen kommen – durch Erinnerungen an frühere Problembewältigung, durch Mobilisierung der eigenen Widerstandskräfte. Doch kann man sich selbst wirklich trösten?

In der Ratgeberszene geht man im Grunde davon aus, dass Menschen ihr Leben weitgehend steuern können. Das ist eine sehr optimistische und meistens eher unrealistische Annahme. Das Leben ist in der Regel zu komplex und verknüpft mit tausend Abhängigkeiten und Einflussfaktoren, als dass man es nach den Empfehlungen der Ratgeber verändern könnte. Zugleich baut die Ratgeberliteratur auf der anderen Seite einen großen Druck auf: »Alle Probleme werden letztlich als lösbar aufgefasst. Dass dies keine frohe Botschaft ist, liegt auf der Hand: Es wäre viel entlastender für die meisten Menschen, ihnen zu sagen, dass manche Probleme nicht lösbar sind; dass man mit gewissen Spannungen und Ambivalenzen leben muss – und kann und darf.«[2]

Eher tröstlich wirkt da der Rat, den Mascha Kaléko in ihrem Gedicht »Ausverkauf in gutem Rat« gibt:[3]

> Ich hab aus traurigem Anlaß jüngst
> So viel freundschaftlichen Rat erhalten,
> Daß ich mich genötigt sehe,
> Einen Posten guten Rat billig
> Abzugeben.
> Denn: so einer in Not ist,
> Bekommt er immerfort
> Guten Rat. Seltener Whisky.
>
> Durch Schaden-Freunde
> Wird man klug.
> Sie haben für alles
> Passenden Rat parat.
> Für Liebeskummer und Lungenkrebs.
> Für Trauerfälle und deren Gegenteil.
> Denn Rat erspart oft Taten.
> Befolgt der Freunde Un-Rat nicht!
> Dann seid ihr wohl beraten.
> MASCHA KALÉKO

Trostmittel

Zu den »Linderungsmittel(n)«, die wir brauchen, um das für uns schwere Leben zu ertragen, rechnet S. Freud auch die »Rauschstoffe«.[4] Er selbst bevorzugte reichlich Zigarren und Morphium, die sich in jener Zeit aber nicht alle leisten konnten. Der Mehrheit der Bevölkerung blieb vor allem der Volkströster Nummer Eins – der Alkohol. Er hat eine lange Tradition. Schon im 16. Jahrhundert wurde der Branntwein mundartlich »Trost« genannt. Der Alkohol ist immer noch der große

Tröster der Nation. Etwa 9,5 Millionen Deutsche praktizieren einen riskanten Alkoholkonsum, 1,3 Millionen sind alkoholkrank. Die Ursachen einer Alkoholsucht sind vielfältig, aber häufig spielen Verlusterfahrungen, Hoffnungslosigkeit und Einsamkeit eine große Rolle. Schon Wilhelm Busch wusste: »Es ist ein Brauch von altersher: Wer Sorgen hat, hat auch Likör.« Kummer, Angst, Verzweiflung, berufliches und privates Scheitern, fehlende Anerkennung – gegen alles hilft ein Schluck aus der Flasche. Alkohol gibt anfangs meist ein gutes Gefühl. Er erhöht im Gehirn die Freisetzung des Neurotransmitters Dopamin, das für die Glücksgefühle zuständig ist. Wer zum Glas oder zur Flasche greift, sucht nicht den Rausch, sondern die Erleichterung. Alkohol beruhigt oder putscht auf, stellt zufrieden oder regt an, er nimmt die Hemmungen. Als Seelentröster oder Einschlafhilfe wird der Alkohol zum besten Freund. Man gewöhnt sich daran, muss immer öfter trinken, greift zu härteren Sachen und gleitet über kurz oder lang in die Sucht. 74.000 Todesfälle jährlich gehen in Deutschland auf das »Konto Alkohol«.

Seit einigen Jahrzehnten hat der Alkohol als Trostmittel in Deutschland aber Konkurrenz bekommen: Medikamente, Stimmungsaufheller, Glückspillen. Schlecht drauf heute? Kein Problem: mal eben eine Pille eingeworfen und schon ist man wieder guter Dinge. Gute Laune und stetes Lächeln sind Erfolgsfaktoren am Arbeitsplatz, schlechte Laune und depressive Verstimmungen sind im Berufsleben nicht gern gesehen.

In den USA gilt das Antidepressivum Prozac als Wundermittel. Prozac bewirkt ein künstliches Hochgefühl, indem es gezielt in den Serotonin-Haushalt des Gehirns eingreift. Die Ursachen der Verstimmung oder gar der Depression bleiben jedoch davon völlig unberührt. Prozac ist ein weltweiter Verkaufsschlager. In Deutschland sind Johanniskraut-Präparate die Bestseller unter den Mitteln gegen Depression. Auch Johanniskraut, so hat man herausgefunden, wirkt auf das Serotonin ein, das für schlechte Laune und Depressionen verantwortlich gemacht wird. Etwa drei Millionen Mal wird es in Deutschland von Medizinern verschrieben.

Kann Geld trösten? Ein von seinen Vorgesetzten als »faulster Mitarbeiter Deutschlands« bezeichneter Arbeitnehmer konnte für diese Persönlichkeitsverletzung von seinem Chef ein Schmerzensgeld in Höhe von 2.000,- € beanspruchen. Einer Arzthelferin, die nach einem unverschuldetem Autounfall unter depressiven Verstimmungen, Angst- und Panikstörungen litt und lange Zeit nicht arbeiten konnte, erkannte ein Gericht ein Schmerzensgeld in Höhe von 30.000,- € zu. Sind sie durch dieses Geld getröstet worden? Das Schmerzensgeld hat im deutschen Recht eine Ausgleichs- und Genugtuungsfunktion. Durch das Schmerzensgeld sollen alle Schäden, seelischen Belastungen und Unannehmlichkeiten wiedergutgemacht werden, die mit einer erlittenen Verletzung am Körper einhergehen. Doch ein Schmerzensgeld ist weniger eine Wiedergutmachung als eine Genugtuung, die für einen Augenblick der getroffenen Seele guttun mag, es ist aber kein dauerhafter Trost. Geld kann nicht wirklich trösten, es kann helfen, Verluste finanziell zu bewältigen, aber es kann keine Tränen trocknen.

Trostrituale

Als man Jakob die falsche Nachricht bringt, sein Lieblingssohn Josef sei von wilden Tieren zerrissen worden, zerreißt er seine Kleider, zieht sich einen grob gewebten Sack an und trauert um Josef lange Zeit. Und alle seine Söhne und Töchter kommen, ihn zu trösten, »aber er wollte sich nicht trösten lassen«. (1. Mose 37,35)

Die Freunde Hiobs kommen von weit her, um ihn in seinem Elend zu trösten. Als sie ihn sehen, »fingen sie an, laut zu weinen, und jeder zerriss sein Gewand, und sie warfen Staub gegen den Himmel (sc. als Protest!) und auf ihre Köpfe. Und sie setzten sich zu ihm auf die Erde, sieben Tage und sieben Nächte, und keiner sagte ein Wort zu ihm, denn sie sahen, dass der Schmerz sehr groß war«. (Hiob 2,12-13)

Die im Alten Testament beschriebenen Trauerbräuche sind »Selbstminderungsrituale«. Die Trauernden mindern ihr eigenes Leben und begeben sich zeichenhaft in den Bereich von Krankheit und Tod, wo jedes Kleid zerfällt, jedes Haupt von Staub bedeckt wird, jeder Körper zur Erde zurückkehrt. Die Klagenden gleichen sich den Kranken oder Toten an und bringen so ihre Sympathie mit ihnen zum Ausdruck: Fremde Not wird zur eigenen Not gemacht und symbolisch mit ihnen geteilt.

Was sind Rituale? Rituale haben einen geregelten Ablauf und eine feste Form. Sie sind geprägte, keine spontanen Verhaltensweisen und stehen in Zusammenhang mit gemeinschaftlichen Traditionen. Rituale sind sozial anerkannt, nicht individuell ausgedacht. Sie binden »in eine Schicksalsgemeinschaft ein ... Sie sind das, was ›man‹ in bestimmten Situationen üblicherweise tut, und wenn man es getan hat, dann hat man das ›Richtige‹ getan.«[5] Ein Ritual hat entlastende und stützende Funktion, man kann sich ihm anvertrauen. Es verbindet mit der Gemeinschaft, in der man lebt, und mit dem transzendenten Lebenssinn, an dem man sich orientiert.

Es gibt viele tröstende Rituale, die sich über lange Zeiten bewährt haben und auch heute noch tragen können: die selbstverständliche Nachbarschafts- oder Freundeshilfe – mit Essen vorbeibringen, putzen, aufräumen, Kinder hüten und Behördengänge übernehmen; den Trostbesuch (»Ich dachte, ich schau mal nach Dir«), den selbstverständlichen Krankenbesuch mit Blumen und kleinem Präsent; die handgeschriebenen Kondolenzbriefe – und natürlich die kirchlichen Rituale, z.B. das Gebet und das gemeinsame Vaterunser, der Besuch des Gottesdienstes, das gemeinsame Singen, der Segen und der gemeinsame Gang zum Abendmahl, die Verlesung der Verstorbenen am Totensonntag und die gemeinsame Pflege der Gräber.

Während die kirchlichen Rituale in großen Teilen der Bevölkerung immer mehr verblassen, haben selbstausgedachte »Rituale« Konjunktur, in denen dem inneren Erleben eine äußere Gestalt gegeben werden soll. Womit Ritualgestalterinnen und Trauerbegleiter nach eigenem Bekunden »gute Erfahrungen gemacht« haben, wird in der Ratgeberszene und im Internet als wohltuendes Trostritual angeboten: So soll man eine persönliche »Klagemauer« bauen und kleine Klagezettel in die Ritzen stecken. Empfohlen wird auch, sich auf einem Berg, einer Waldlichtung oder in einem Park durch stilles Sitzen mit der Erde zu verbinden. Durch das Schreiben von »Lebensbüchern« kann man ein »Gespräch mit sich selbst« eröffnen und mit der eigenen Stimme kann man einen Trostbedürftigen »in den Schmerz hineinsummen«. Im Internet kann man Blumen und Bäume pflanzen, Kerzen anzünden, Briefe an Verstorbene schreiben und Gedenksteine gestalten.

Doch nicht alles ist ein Ritual, was dafür gehalten wird. »Das Ritual befreit von der Zudringlichkeit der Unmittelbarkeit. Man muss nicht selbst die eigene Befindlichkeit ausdrücken, sich nicht selbst verstehen und reflektieren.«[6]

Was heute angeboten wird, sind aber häufig »Do-it-yourself-Formen«, die keine entlastende soziale Funktion gewinnen können. Die einen mögen sie eine Zeit lang als persönlich wohltuend erleben, andere finden sie albern und selbstbezogen. Sie verbinden nicht mit einem transzendenten Lebensgrund, sondern allenfalls mit den Ressourcen des eigenen Körpers.

Trost und Schmerz

Der Trost der Ratgeber und Glückspillen, der selbstausgedachten »Rituale« und der floskelhaften Trostsprüche kommt zu schnell. Er geht über die Schmerzen hinweg und bleibt an der Oberfläche. Verluste werden erlitten, sie können und dürfen nicht gleich »bearbeitet« werden. Trost, der den Schmerz ignoriert, ist Vertröstung. In Klage und gemeinsamem Schweigen liegt mehr ehrlicher Trost als in den zahlreich angepriesenen Techniken der Lebensbewältigung. Notwendige Verwandlungen und Veränderungen vollziehen sich nicht schmerzlos. »Jeder Ruck, mit dem wir uns verändern, muss mit Schmerzen beglichen werden. Das ist kein Trost, aber der harte Kern einer Wahrheit.«[7]

Der Trost der Freunde

»Wenn ich meine Freundin nicht hätte«

Seitdem ihr Mann vor einigen Jahren an Krebs verstorben ist, lebt Monika Thomas allein in ihrem kleinen Reihenhaus. Sie hat soziale Kontakte, engagiert sich in der Kirchengemeinde, geht zum Kneippverein und hat die Familie ihres Sohnes in der Nähe. Aber wenn sie »schlecht drauf« ist, Kummer hat oder ihr die Decke mal wieder auf den Kopf fällt, dann telefoniert sie mit ihrer Freundin. Sie kennen sich schon fast ein Leben lang, sind zusammen in die Lehre gegangen und haben ähnliche Lebenserfahrungen hinter sich. Sie müssen sich gegenseitig nichts vormachen, kennen ihre Schwächen und Besonderheiten und mögen sich trotzdem. Ihre Freundschaft ist ohne Hintergedanken. Jedes Jahr fahren sie für einige Tage gemeinsam in den Urlaub – für Monika Thomas der Höhepunkt des Jahres. Als sie vor einiger Zeit nach einer Operation nicht aus dem Haus gehen konnte, kam ihre Freundin, quartierte sich bei ihr ein, erledigte die Besorgungen und half ihr wieder auf die Beine. Auf ihre Freundin kann sich Monika Thomas verlassen. Die Gespräche mit ihr richten sie immer wieder auf. Gut, dass ihre Freundin da ist! – »Ein Freund, ein guter Freund, das ist das Schönste, was es gibt auf der Welt«, sang Heinz Rühmann 1930 in dem Film »Die Drei von der Tankstelle«.

Etwa 15 Prozent der Bundesbürger sagten bei Befragungen, sie hätten keinen Freund. Die übrigen 85 Prozent nannten die Zahl von drei bis sechs Personen. »Gute« Freundinnen und Freunde sind aber seltener. Für ebenfalls 85 Prozent der Deutschen sind gute Freunde im Leben ganz wichtig – wichtiger noch als eine glückliche Partnerschaft oder beruflicher Erfolg. »Gute« Freundschaften halten oft ein Leben lang. Wichtiger als die immer wieder genannten gleichen Interessen und gemeinsamen Erlebnisse sind in einer Freundschaft Verlässlichkeit, Ehrlichkeit und die Erfahrung von Trost. »Ein treuer Freund ist nicht mit Geld oder Gut zu bezahlen ... Ein treuer Freund ist ein Trost im Leben«, heißt es schon bei Jesus Sirach (6,15.16).

Je flüchtiger und brüchiger heute Beziehungen und Partnerschaften, Reisebekanntschaften und Facebook-Kontakte erlebt werden, desto stärker wird die Sehnsucht nach der Freundschaft fürs Leben: »Wir brauchen einen Ort, wo wir uns verstanden fühlen, einen, der uns Verlässlichkeit und Stabilität bietet. Das sind Freundschaften: eine tiefe Bindung bei gleichzeitiger Freiheit«, sagt der Psychologe Wolfgang Krüger (FR vom 29.5.2015).

Freundschaft bleibt eine Ausnahmebeziehung. Liebe, sagt man, gibt es auf den ersten Blick, Freundschaft aber entsteht und wächst langsam. Wir lernen im Laufe des Lebens immer wieder neue Menschen kennen, die Zahl der Freunde wird eher kleiner. Übrig bleiben die, die einem wirklich nahestehen und auf die auch in schwierigen Zeiten Verlass ist.

Die Enkel

Eltern von erwachsenen Kindern können es heute kaum erwarten, Großeltern zu werden. Wollte man früher nicht unbedingt gern als »Oma« oder »Opa« angesprochen werden, weil damit auch Hinfälligkeit und Altersschwäche assoziiert wurden, so freuen sich heute schon Mittfünfziger auf Enkel. Enkel werden als großes Geschenk empfunden. »Wenn die Enkel zu Besuch kommen, vergisst man seine Alltagsbeschwerden. Man erinnert sich an seine Kindheit und fühlt sich selbst wieder jung.« Was im Leben sonst oft zu kurz kommt, mit Enkeln wird es möglich: spielen, Unsinn machen, singen, gemeinsam lachen. Enkel machen Freude. Der Umgang mit den Enkeln ist für die Großeltern auch eine Art »Jungbrunnen«. »Man kann sich ganz auf das Enkelkind konzentrieren und hat nicht mehr den Alltagsstress wie früher als Mutter. Einfach nur noch Freude haben und genießen.«

Vermutlich waren Großeltern und Enkel niemals enger verbunden als heute. Sie verbringen mehr gemeinsame Zeit als früher, sie kommen besser miteinander aus. Verantwortlich sind dafür in erster Linie demographische Gründe: Bei gestiegener Lebenserwartung und niedriger Geburtenrate können sich viele Großeltern intensiv und lange Zeit um ihre Enkel kümmern. Viele begleiten die Enkel heute nicht nur zur Einschulung, sondern auch zur Abiturfeier.

Enkel sind ein Trost. Die Großeltern erleben, dass sie gebraucht werden – für die Betreuung der Kleinen, als Entlastung der Eltern, für praktische Tipps. Sie spüren, dass sie für die Enkel wichtig sind: »Hast du was mitgebracht? Spielst du mit mir?« Sie erfahren Trost durch das Vertrauen und die Liebe der Kleinen. Sie merken aber auch, dass sie von den Enkeln auch gefordert werden: Sie halten auf Trab, geben dem Leben neue Inhalte, man muss sich mit ganz neuen Fragen auseinandersetzen. Das Leben geht weiter, auch wenn das Ende der eigenen Lebenszeit näher rückt. Enkel machen deutlich, als Großeltern zu einem Generationenzusammenhang zu gehören.

Die Familie

Im Unglück und bei Katastrophen suchen die meisten Menschen die Nähe der eigenen Familie. Die Familienbande sind und bleiben die stärksten aller möglichen Beziehungen. Eindrücklich beschreibt dies Frank Schirrmacher in seinem Buch »Minimum« am Beispiel der Brandkatastrophe in dem riesigen Hotelkomplex »Summerland« 1973 auf der Isle of Man. Bei dieser größten Brandkatastrophe in Großbritannien seit 1945 kamen 150 Menschen ums Leben, mehrere hundert wurden verletzt. Wie sich bei einer späteren Untersuchung herausstellte, hatten sich vor allem viele Familien retten können. Die Familien hatten alles darangesetzt, alle Mitglieder trotz des unbeschreiblichen Chaos wiederzufinden und gemeinsam zu flüchten. Bei den verschiedenen Freundesgruppen, die zeitgleich im Hotel untergebracht waren, hatte sich keine einzige Gruppe beim Ausbruch des Feuers zusammengefunden. »Aus Freunden waren Einzelkämpfer geworden, die sich in alle Himmelsrichtungen verstreuten, aus Familien sich blitzschnell ordnende Rettungskonvois.«[1]

Auch wenn sich die Familienbeziehungen in den vergangenen Jahrzehnten stark verändert haben, steht die Familie immer noch für einen besonderen Zusammenhalt. Hat jemand einen Unfall oder braucht er Hilfe beim Umbau des Hauses – die Familie ist in der Regel zur Stelle. Als Solidargemeinschaft bewährt sich die Familie besonders dann, wenn alte oder kranke Familienmitglieder betreut werden müssen.

In Deutschland ist die Familie immer noch die zentrale Institution bei der Pflege von Angehörigen. Etwa 1,4 Millionen pflegende Angehörige betreuen 1,6 Millionen pflegebedürftige Menschen in ihrem Zuhause, und dies über Jahre hinweg. Meistens sind es die Frauen, die pflegen – als Partnerinnen, Töchter oder Schwiegertöchter. Doch inzwischen pflegen genauso viele Ehemänner oder Partner ihre auf Unterstützung angewiesenen Partnerinnen wie umgekehrt. Die zukünftige Herausforderung liegt aber darin, dass die Zahl pflegender Angehöriger in den nächsten 30 Jahren aus demographischen Gründen zurückgehen wird, während sich die Zahl der zu pflegenden Menschen verdoppeln wird.

Über viele Jahrtausende war die Familie auf dem Lande, wo die meisten Menschen in Subsistenzwirtschaft lebten, auch eine wirtschaftliche Einheit. Jeder und jede, die ganz Kleinen und ganz Alten ausgenommen, wurde gebraucht, hatte seine Aufgabe und Funktion. Nur so konnte die Familie überleben und für Ernährung und Schutz der Mitglieder und der nächsten Generation sorgen. Vermutlich rührt aus dieser Zeit das tiefe Vertrauen: Was auch immer geschieht, in der Familie wird man nicht im Stich gelassen.

Auch wenn die meisten Menschen heute nicht mehr in Großfamilien zusammenleben, haben sie doch Onkel und Tanten, Cousinen, Neffen und angeheiratete Verwandte. Man gehört zu einem Familienclan, der bei Taufen und Beerdigungen, in Notzeiten und bei besonderen Umständen zur Stelle und ansprechbar ist. Das kann stützen und auch trösten.

Die Familie tröstet durch ihr soziales Netzwerk, durch die Selbstverständlichkeit, in der man in die verschiedenen Familienbeziehungen, in die Probleme und Entwicklungen der Kinder, in Geburtstage und Feste einbezogen wird. Wohin geht die Frau mit ihren Kindern, die sich von ihrem Mann getrennt hat? Zu ihren Eltern, in die Nähe ihrer Geschwister, zur stützenden Präsenz der Herkunftsfamilie. Oder der bisher beruflich so engagierte Geschäftsführer, der vom Konzern entlassen worden ist? Nun ist er auf die Familie zurückgeworfen, für die er bisher so wenig Zeit hatte, und er empfindet sie in seiner Situation als Trost. Hier muss er nichts leisten, muss sich nicht rechtfertigen und ist doch akzeptiert.

Auch wenn nicht jede Familie tröstet, die meisten Menschen betrachten ihre Familie doch als einen Schutzraum, in dem sie nichts zu befürchten haben. »Das bleibt in der Familie«, sagt man und meint: Das bleibt unter uns, das wird vertraulich behandelt. In der Familie muss man sich nicht verstellen. Hier sind Menschen, die mich und meine Geschichte kennen und ich die ihre; die vieles mit mir erlebt haben und ich mit ihnen; von denen ich weiß, dass sie zu mir stehen werden so wie ich zu ihnen. Wer in einer solchen Familie lebt, hat einen starken Schutz in den Ungewissheiten und Gefährdungen des Lebens. »Menschen, die in verlässlichen Bindungen leben, werden deutlich weniger von der Frage nach dem Sinn des Lebens umgetrieben.«[2]

In der großen »Generali Altersstudie 2013«, in der mehr als 4.000 Personen im Alter zwischen 65 und 85 Jahren befragt worden sind, äußerten 77 Prozent, dass sie in einer schwierigen Lebenssituation auf die Hilfe von Familienangehörigen bauen könnten. Nur fünf Prozent bezeichneten das Verhältnis zu ihren Kindern als nicht gut oder gespannt. »Meine Familie, die geht mir über alles. Wenn der Enkel oder die Tochter mich brauchen, bin ich da, dann würde ich eigene Belange und alles andere zurückstellen«, so die charakteristische Äußerung einer 75-Jährigen. Auch für ihre erwachsenen Kinder sind die Eltern, wie die Studie gezeigt hat, in einem erheblichen Umfang immer noch eine zentrale Anlaufstelle, nicht nur wenn es um materielle, sondern auch wenn es um emotionale Unterstützung geht. »Meine beiden Töchter waren arbeitslos, da musste ich helfen, nicht nur finanziell, sondern auch beschwichtigen, ausgleichen«, sagt ein alleinstehender 80-Jähriger. Familie kann trösten, weil man hier nicht alleingelassen wird. Sie kann aber auch trösten, weil man in der Familie bis ins hohe Alter gebraucht wird.

Haustiere

Als sich seine Eltern trennten, wurde der Hund der Familie für den 11-jährigen Alexander zum großen Tröster. Der Border Collie »Hector« ist schon mit ihm groß geworden, sie waren schon immer Freunde. Der Hund spürte sofort, wenn es Alexander schlecht ging. Er kam und legte ihm seine Schnauze auf den Oberschenkel. Alexander erzählte ihm alles, seine Wut auf die Eltern, seine Trauer über die Situation zu Hause. Hector wurde zu einem vertrauten Gesprächspartner.

Viele der etwa 9,5 Millionen Deutsche, die mit einem Hund zusammenleben, sind überzeugt: Die Tiere verstehen uns, sie können Stimmungen erspüren und sind da, wenn es einem schlecht geht. »Hunde riechen unsere Emotionen«, sagt die Kognitionswissenschaftlerin Alexandra Horowitz. »Sie haben die außergewöhnliche Fähigkeit, den Hormoncocktail, den wir ausschütten, wahrzunehmen und zu deuten.«

Mediziner haben herausgefunden, dass die reine Anwesenheit von Haustieren beruhigend wirken kann. Das Tier zu streicheln kann helfen, den Stresspegel zu reduzieren und den Blutdruck zu senken. Tröstlich wirkt auch, dass Haustiere keine Vorurteile haben. Sie stellen keine komplizierten Fragen, sie akzeptieren einen, wie man ist: Aussehen, Alter, Status, Beruf oder Geld spielen für Hunde keine Rolle.

Aufgefangen werden 6.

Als Friedrich O. an Lungenkrebs erkrankte, kommentierte das sein bester Freund Rolf L. mit den Worten:»Das haste jetzt von deinen Zigaretten. Ich hab´s dir immer gesagt.« Fortan besuchte er ihn fast jeden Tag im Krankenhaus, auch als es ihm so richtig dreckig ging. Auf seine Freunde konnte sich Friedrich O. verlassen. In den letzten Wochen vor seinem Tod kam er nach Hause, wo die Nachbarn ihn schon erwarteten. Um seine Frau zu entlasten, die mit seiner Pflege vollauf beschäftigt war, brachten sie schon mal was zu essen oder besorgten die Einkäufe. Als Friedrich O. gestorben war, wurde der offene Sarg in der Diele des Hauses aufgestellt. Die Nachbarn kamen zum Abschiednehmen und der Pfarrer kam zur Aussegnung, bevor der Sarg zum Friedhof gefahren wurde. Es war eine große Beerdigung, denn Friedrich O. war 20 Jahre Presbyter in der Kirchengemeinde gewesen, außerdem war er Jäger und im Vorstand des Handballvereins. Zudem war man »auf dem Lande«, man kannte sich und wenn jemand aus der eigenen Generation starb, gingen viele Altersgenossen aus Solidarität mit zur Beerdigung.

Am nächsten Sonntag wurde Friedrich O. als verstorbenes Gemeindeglied im Gottesdienst »abgekündigt«, sein Freund Rolf L. zündete für ihn eine Kerze an und stellte sie in den großen Leuchter. Am Totensonntag wurden in der vollen Kirche dann noch einmal die Namen aller verstorbenen Gemeindeglieder vorgelesen, auch der von Friedrich O.

In den Wochen vor und nach dem Tod ihres Mannes kam Gisela O. kaum aus dem Haus, doch sie war nicht allein. Die Nachbarn kamen täglich und auch die erwachsenen Töchter schauten oft bei ihr rein. Sie redeten ihrer Mutter sehr zu, auch in der Zeit ihrer Trauer wieder zu ihrem Gymnastikverein, zu den Treffen ihres Chores und zu ihrer Frauenwandergruppe zu gehen. Dort wurde sie mit offenen Armen empfangen. Das hat ihr sehr geholfen und sie auch getröstet. Das Leben ging weiter.

Aufgefangen werden – zum Beispiel von den Nachbarn. Eine gute Nachbarschaft kann auch heute im Unglücksfall noch stützen. Jede und jeder hat Nachbarn, solche, die man kaum kennt, und andere, die die Pakete entgegennehmen oder im Urlaub die Blumen gießen. Nachbar kommt von »Nahe« und »Bauer«. In der bäuerlichen Gesellschaft war gute Nachbarschaft überlebenswichtig: Man half sich bei der Ernte, sprang in Notzeiten ein und war zur Stelle, wenn jemand in der Nachbarschaft gestorben war. Dann wurde Kaffee und Essen gekocht, der Trauerbesuch empfangen, und in der Regel waren es auch die Nachbarn, die den Sarg zum Grab trugen. Diese Form der »Anteilnahme« ist heute auch auf dem Land selten geworden. In der Großstadt bekommt man häufig gar nicht mehr mit, wenn jemand von gegenüber oder aus demselben Wohnblock gestorben ist. Dennoch sind auch in der Großstadt die meisten Menschen an einer guten Nachbarschaft interessiert – nicht so sehr als Trostgemeinschaft, sondern weil man bei Stromausfall, leerer Autobatterie oder Wohnungseinbruch jederzeit auf Nachbarschaftshilfe angewiesen sein kann. Als meine Eltern gestorben waren, war für mich als Jugendlicher der Fußballverein ganz wichtig. Zweimal in der Woche traf ich beim Training meine Fußballkumpel, die nicht viel Aufhebens um meine Situation machten, sondern im Training genauso stürmten, verteidigten, grätschten oder Foul spielten wie sonst auch. Und sonntags bei den Punktspielen wurde ich gebraucht. Als Mittelstürmer hatte ich Tore zu schießen. Das half. Andere berichten von ihrem Chor oder ihrem Wanderverein, die ihnen in einer Zeit der Trauer und Verlassenheit Halt gegeben hätten. Dass dabei das eigene Leid nicht besonders thematisiert oder gar bearbeitet wurde, erwies sich als großer Vorteil.

Die evangelische Frauenhilfe und die katholische Frauengemeinschaft sind keine Vereine, sondern die größten Frauenverbände Deutschlands. Woche für Woche treffen sich, von der Öffentlichkeit kaum bemerkt, in den Kirchengemeinden Hunderttausende von Frauen in Nachmittags-, Abend- und sonstigen Frauenkreisen, um über aktuelle Entwicklungen in Kirche, Politik und Gesellschaft zu reden. Der Altersschwerpunkt liegt bei 60 bis 80 Jahren. Hier treffen sich Frauen, die Ähnliches erlebt haben und darum viel Verständnis füreinander aufbringen. Für viele von ihnen sind die wöchentlichen Treffen Fixpunkte im Alltag. Diese Frauengruppen sind nicht selten auch Trostgemeinschaften. Tröstlich sind sie auch dadurch, dass im Mittelpunkt der Zusammenkünfte anders als bei vielen Selbsthilfegruppen nicht die persönlichen Verluste stehen, sondern das sozial-diakonische Engagement der Frauen und das Gespräch über aktuelle Gegenwartsfragen.

In jedem Stadtteil, in jedem Dorf steht in Deutschland eine Kirche. In den letzten Jahren sind viele dieser Kirchen, lange Zeit verschlossen und unzugänglich, wieder geöffnet worden. Es sind besonders die alten Kirchen, die in der Woche von überraschend vielen Menschen aufgesucht werden. Sie gehen in die Kirche, um den »heiligen« Raum mit Kreuz und Altar auf sich wirken zu lassen, für sich zur Ruhe zu kommen, abzuladen, was einem auf der Seele liegt, vielleicht auch, um eine Kerze anzuzünden und ein kurzes Gebet zu sprechen.

Wie das Allensbach-Institut 2009 bei einer Umfrage herausgefunden hat, denken 87 Prozent der Bundesbürger bei Kirche an Stille, 80 Prozent an Tradition und 59 Prozent können in einer Kirche zur Ruhe kommen. Zugleich sehen 40 Prozent der Bevölkerung in Kirchen einen Ort, an dem man Trost finden kann.

Die offenen Kirchen führen in eine andere Welt. Kirchen sind Orte, die Sinn eröffnen und auf Gott hinweisen: Orte der Gastfreundschaft und Zuflucht. Kirchen sind die letzten werbefreien Räume im Alltag. Sie bieten Schutz vor Lärm, Stress und Kommerz. Die übergroße Mehrheit der Bevölkerung will, dass diese andere Welt erhalten bleibt, auch wenn man nicht jeden Tag in die Kirche geht. »Obwohl ich nicht Mitglied einer Kirche bin, fand ich es immer tröstlich, dass es eine Gegenwelt gibt, die mich auffangen könnte, wenn ich an der Welt, in der ich lebe, verzweifeln sollte.«[1]

Europa ist ein Kontinent der Kirchtürme. Wenn man den Kirchturm seines Ortes sieht, weiß man, dass man bald wieder zu Hause ist. Ohne ihre Kirchtürme sind viele Orte gar nicht denkbar. Wenn ich mit dem Zug an meiner Heimatstadt Minden vorbeifahre, freue ich mich jedes Mal an der von den Kirchtürmen geprägten Silhouette der Stadt. Kirchtürme boten den Menschen über Jahrhunderte Schutz, wenn das Leben gefährlich wurde. Kirchtürme sind Wahrzeichen einer Stadt und zugleich Fingerzeige zum Himmel. Berühmt sind die vielen Kirchtürme auf den Bildern des niederländischen Malers Pieter Brueghel. In einer heillosen Welt weisen sie wie Finger nach oben. Beim »Sturz der Blinden«, dem »Bethlehemitischen Kindermord« oder dem »Triumph des Todes« wirken sie wie Trostzeichen und Erinnerungen an eine andere Welt.

Noch tröstlicher kann es sein, wenn in den Kirchtürmen die Glocken zu läuten beginnen. Auch wenn von Anwohnern immer mal wieder gegen eine »Lärmbelästigung« durch Glocken geklagt wird, haben die meisten Menschen eine emotionale Beziehung zu den Glocken. Wenn sie repariert werden müssen, nehmen auffallend viele Menschen Anteil. Wenn sie eine Zeit lang schweigen, rufen besorgte Bürger im Pfarramt an und fragen, ob etwas nicht in Ordnung sei. Glocken läuten zu festen Zeiten und geben einem Ort ein charakteristisches akustisches Klangbild. Jede Glocke hat ihr eigenes Geheimnis, heißt es. Nicht wenige Menschen fühlen sich der Kirche auch durch die Glocken verbunden.

Glocken riefen schon immer zum Kirchgang und zum persönlichen Gebet, sie läuteten beim Tod eines Menschen und begleiteten den Verstorbenen auf dem Weg zum Grab, sie warnten vor Feuer und Sturm, riefen die Bauern mittags und abends von den Feldern nach Hause, läuteten das neue Jahr ein und den Frieden nach langen Kriegszeiten. Glocken begleiteten Christen auf dem Lebensweg. Der Klang der Glocken bedeutete Trost und Schutz, war Zeichen äußeren und inneren Friedens.

Dass Glocken symbolische Kraft haben, beschreibt Alexander Solschenizyn am Ende seiner kleinen Erzählung »Am Oka-Fluss entlang«: »Seit jeher waren die Menschen selbstsüchtig und oft wenig gut. Aber dann erklang das Abendläuten, es schwebte über dem Dorf, über den Feldern, über dem Wald. Es mahnte, die kleinlichen, vergänglichen Sorgen des Alltags abzulegen, Zeit und Gedanken der Ewigkeit zu widmen. Dieses Läuten bewahrte die Menschen davor, zu vierbeinigen Kreaturen zu werden.«[2]

Der Alltag

Über 17 Monate hat der englische Anthropologe Daniel Miller mehr als 100 Haushalte einer zufällig gewählten Straße im Süden Londons besucht, um herauszufinden, wie Gegenstände Menschen dabei helfen, mit Verlusterfahrungen umzugehen. Entstanden sind dabei unter dem Titel »Der Trost der Dinge«[1] 15 Psychogramme anhand von Wohnungseinrichtungen. Er erzählt die Geschichte einer alleinerziehenden Mutter, die ihre Wohnung mit zahllosen Spielfiguren von McDonalds ausstaffiert hat, mit denen Mutter und Kinder immer neue Phantasieabenteuer spielen. Wir erfahren von einem Geschäftsreisenden, der seine Wohnung weitgehend leergeräumt hat und sein Leben zum größten Teil mit seinem Laptop verwaltet, sowie von einem alten Mann, der sein Leben in hohem Maß auf die Bedürfnisse seines Labrador-Hundes ausgerichtet hat. Ein Ehepaar bastelt wochenlang Sterne, Engel und Krippenfiguren, um die fünf Kinder und zehn Enkel jedes Jahr mit einer großen Zahl selbstgebastelter Weihnachtsdekorationen zum Weihnachtsfest einzuladen. Eine Frau trägt ihre Liebesbeziehungen als Tattoos an ihrem Körper mit sich. Deutlich wird: Was wir sammeln, womit wir unsere Wohnung einrichten, wie wir Ordnung halten oder mit unserem Körper umgehen, sagt etwas darüber, wer wir sind. Man kann fragen, ob es immer angemessen ist, in diesem Zusammenhang von »Trost« zu sprechen. Doch zweifellos sind Möbelstücke, Uhren, Spielzeug, Bilder oder bestimmte Kleider mehr als nur stumme Dinge – sie transportieren auch Gefühle und Erinnerungen. »Es gibt auch den Trost der Dinge, die uns umgeben und denen wir gerne in unserer unmittelbaren Nähe einen Platz einräumen. Dinge, in denen Erinnerungen aufbewahrt sind oder Beweise der Sympathie, die uns einmal zuteilwurden.«[2]

Von der Märklin-Eisenbahn, dem alten Taschenmesser, dem besonders schönen Stein von der Ostsee oder dem ersten eigenen Fotoapparat würden wir uns nie trennen, auch wenn diese Gegenstände heute keine aktuelle Funktion mehr haben. Sie sind längst ein Teil der eigenen Lebensgeschichte. Der Schriftsteller Henry Miller konnte sich nicht von seinem Fahrrad trennen, das er im New Yorker Madison Square Garden einem deutschen Sechstagerennfahrer abgekauft hatte. Es half ihm über Liebeskummer und Enttäuschungen hinweg. Statt weiter zu grübeln, »tat ich nichts als Radfahren«. Seiner Mutter ging die Liebe ihres Sohnes zu seinem Fahrrad zu weit: »Ich wundere mich nur, dass du das Ding nicht mit ins Bett nimmst.« Millers Antwort: »Das würde ich auch, wenn ich ein anständiges Bett hätte, das groß genug ist.«

Die Uhr des Vaters, die alte Kinderpuppe, der Führerschein der Mutter, die alte Wanduhr der Großmutter oder das Taufkleid der Familie sind nicht nur liebenswürdige oder nostalgische Relikte von früher, sondern sie verbinden uns auch mit Personen und Traditionen, die für uns eine Bedeutung haben. Oft sind es kleine, unscheinbare Gegenstände des Alltags, die mit der Zeit zu Symbolen der Erinnerung geworden sind. Sie repräsentieren eine Kontinuität, wo es Umbrüche gab, und erzählen Geschichten von einer anderen Zeit.

Bei Geburtstagsbesuchen kam ich als Pfarrer in viele Wohnungen älterer Menschen. Sie waren oft voller Fotos von Angehörigen und Freunden, Heimatorten und Elternhäusern. Auf den ersten Blick wirkten diese Bildergalerien manchmal wie persönliche »Hausaltäre«. Mit der Zeit lernte ich bei den Besuchen, dass diese Fotos nicht nur aus Pietät oder Nostalgie aufgestellt waren. Eher vermittelten sie das Gefühl, umgeben von diesen Erinnerungsstücken nicht allein auf dieser Welt zu sein. Die Fotos boten Schutz und spendeten Trost.

Nicht die Dinge, auch der Alltag kann trösten, wie jeder weiß, der nach einem Krankenhausaufenthalt wieder nach Hause kommt oder nach einem enttäuschenden Wochenende am Montag wieder zur Arbeit fährt: die gewohnte Umgebung, die normale Arbeit, der vertraute Blick aus dem Fenster, die bekannten Arbeitskollegen, die Brötchen vom Bäcker um die Ecke, die gewohnte Tagesschau im Fernsehen, die alten Nachbarn, der vertraute Arbeitsplatz, der gewohnte Lebensrhythmus, die beruhigende Alltäglichkeit, ein Stück Heimat. – Der Alltag tröstet, denn er bietet Sicherheit und hält durch alle Wechselfälle hindurch den Zusammenhang des eigenen Lebens aufrecht. Wir brauchen unsere Gewohnheiten, sie vermitteln ein Gefühl von Vertrautheit und Geborgenheit.

8. *Der Schlaf*

Der Schlaf gehört zu den »sieben Tröstungen«, die der große Dominikanertheologe Thomas von Aquin im 13. Jahrhundert schon in seiner »Summe der Theologie« beschrieben hat: »Werden Schmerz und Trauer durch jede Lust gemildert? Werden sie durch Weinen gemildert? Oder durch das Mitleid der Freunde? Ob durch die Schau der Wahrheit? Ob durch Schlaf und Bäder?« Es fällt auf, dass Thomas hier durchweg Erquickungen nennt, die den Körper beleben. Es sind für ihn Wohltaten Gottes, die Leib und Seele stärken können. So fördert der Schlaf die Gesundheit, weil er den Körper in »den rechten Zustand der lebendigen Bewegung zurückversetzt«. Thomas denkt dabei an den Rhythmus von Wachsen und Ruhen, der die ganze Natur durchzieht. Schlaf und Arbeit, ruhen und tätig sein kennzeichnen auch den gesunden Rhythmus menschlichen Lebens.

Der Schlaf tröstet, denn er unterbricht die Trauer und die Gedanken, die sonst unaufhörlich um den Schmerz oder den Verlust kreisen. Im Schlaf können wir vergessen, jedenfalls eine Zeit lang. Der Schlaf tröstet auch, weil wir schlafend Leid und Verlust bearbeiten, ordnen und neu bewerten. Nach gutem Schlaf geht's einem besser, das kennen wir. Man ist wieder bei Kräften, vielleicht auch auf neue Gedanken gekommen. Nicht umsonst sagt der Volksmund: »Schlaf ist die beste Medizin.«

Schon in der Antike kannten die Menschen den Heilschlaf, der z.B. im Asklepios-Heiligtum in Epidaurus praktiziert wurde. Gegen teures Eintrittsgeld konnten sich hier die Kranken mit Opfern und Gebeten auf den Schlummer in der großen Schlafhalle einstimmen, in dem man auf eine Traumvision des Heilgottes hoffte. Zahlreiche Votivtafeln mit Heilungsberichten hat man gefunden, auf denen von erfolgreichen Traumhandlungen erzählt wurde.

Nicht wenige Menschen warten heute Nacht für Nacht aber vergeblich auf die tröstlichen Wirkungen des Schlafs. Etwa sechs Prozent der Bevölkerung leiden unter quälenden Schlafstörungen. Anhaltende Schlaflosigkeit senkt die Aufmerksamkeit, das Reaktionsvermögen sowie das logische Denkvermögen. Nicht zufällig ist systematischer Schlafentzug seit langem als Foltermethode bekannt.

Die Gründe für die Schlafstörungen sind vielfältig: Rückenschmerzen, Lärmbelästigung, Schnarchen, Arbeitsüberlastung oder innere Unruhe werden häufig genannt. Wer nicht abschalten kann, kann meist auch nicht einschlafen. »Wenn man schlafen geht, soll man die Sorgen in die Schuhe stecken«, sagt ein schwedisches Sprichwort. Doch nicht selten nehmen wir die Probleme mit ins Bett, grübeln darüber nach, wie es weitergehen soll, wachen öfter in der Nacht auf, wälzen uns unruhig im Bett herum und wachen morgens »wie gerädert« auf. Die Sorgen können einem den Schlaf rauben.

Diese Situation wird schon im 127. Psalm angesprochen:

> Wenn der HERR nicht das Haus baut,
> so arbeiten vergeblich, die daran bauen.
> Wenn der HERR nicht die Stadt bewacht,
> so wacht der Wächter vergeblich.
> Es ist vergeblich, dass ihr schon in aller Frühe aufsteht
> und euch erst spät hinsetzt zur Ruhe
> und esst euer Brot mit Sorgen –
> denn seinen Freunden gibt er es im Schlaf.

Wo Gott nicht seinen Segen gibt, da geht der Mensch leer aus, auch wenn er sich noch so sehr sorgt und müht. Wer dagegen auf Gott vertraut, macht die Erfahrung, mit dem Notwendigen versorgt zu werden, ohne sich übermäßig darum zu kümmern: »Seinen Freunden gibt er es im Schlaf«.

Das Alte Testament kannte noch keine Schlafforschung. Heute versuchen Ärzte und Forscher in zahllosen Schaflabors, den Geheimnissen des Schlafes auf die Spur zu kommen. Als gesichert kann mittlerweile gelten, dass Schlafen, anders als früher vermutet, ein aktiver

Vorgang ist, in dem nur die Kontrollinstanz des Wachbewusstseins ausgeschaltet ist. Ohne dass wir etwas davon merken, verarbeitet das Gehirn im Schlaf, was uns tagsüber beschäftigt hat, ordnet unsere Erinnerungen und stärkt das Gedächtnis. Der Körper braucht Ruhe, aber das Gehirn braucht Schlaf, um sich zu regenerieren. Das geschieht ohne unser Wissen. Man hat den Schlaf darum auch einen »regelmäßig wiederkehrende(n) Zustand einer jederzeit reversiblen Bewusstlosigkeit«[1] genannt. Wahr ist, dass wir im Schlaf schutzlos und wehrlos sind. Wir wissen auch nicht wirklich, ob wir am nächsten Morgen wieder gesund aufwachen werden. So hat man den Schlaf seit je als kleinen Bruder des Todes empfunden – in der griechischen Mythologie sind hypnos, der Schlaf, und thanatos, der Tod, bezeichnenderweise Brüder.

In einem berühmten Brief an den Vater vom 4.4.1787 schreibt Wolfgang Amadeus Mozart: »Ich lege mich nie zu Bette, ohne zu bedenken, dass ich vielleicht (so jung als ich bin) den anderen Tag nicht mehr sein werde – und es wird doch kein Mensch von allen, die mich kennen, sagen können, dass ich im Umgang mürrisch oder traurig wäre.«

Im Schlaf haben wir keine Kontrolle über uns. Wir werden wehrlos wie kleine Kinder. Da ist es gut, wenn einer wacht. Mit einfachen und zugleich einprägsamen Worten hat das der Psalmdichter am Ende von Psalm 4 formuliert: »Ich liege und schlafe ganz mit Frieden, denn allein du, HERR, hilfst mir, dass ich sicher wohne.«

Die Natur

9.

In einer Vergleichsstudie von Patienten, denen die Gallenblase entfernt worden war, konnte der Umweltmediziner Howard Framkin die beruhigende, ja heilende Wirkung der Natur auf kranke Menschen nachweisen. Patienten, die von ihrem Krankenzimmer aus auf eine Baumgruppe blickten, konnten früher entlassen werden als andere Patienten, die nur auf eine Mauer sehen konnten.[1] Dieses Ergebnis wird von anderen Studien bestätigt: Roger Ulrich von der Texas A & M University berichtet, dass sich Menschen, die einer Stresssituation ausgesetzt waren und danach Bilder von Landschaften anschauten, innerhalb von nur fünf Minuten beruhigten. Natürliche Landschaften und eine grüne Umgebung haben offenbar eine beruhigende und therapeutische Wirkung auf die körperliche und psychische Gesundheit von Menschen.

Wenn ich nach einem langen Arbeitstag nach Hause kam, ging ich manchmal erst zehn Minuten in den Garten, um wieder zu mir selbst zu kommen. Wie sich herausstellte, ging es vielen Kollegen genauso: Die eine ging durch den nahegelegenen Schrebergarten, der andere stieg aufs Rad und drehte eine Runde. In der Natur geht's einem besser. Wenigstens einmal am Tag muss man raus »an die frische Luft«, um Abstand zu gewinnen von den Alltagsbelastungen. Und meist kommt man dazu noch auf neue Gedanken, die einem in der eigenen Lebenssituation oder für die konkrete Arbeit weiterhelfen. Sich »im Freien« bewegen, laufen, wandern ist gut für Leib und Seele.

Vor 50 Jahren galt Wandern eher als spießig, heute wandert regelmäßig mehr als die Hälfte aller Deutschen. »In der Natur entspannt die Psyche«, sagt der Natursoziologe Rainer Brämer.[2] »Der Stress lässt nach. Wenn man ausdauernd durch eine schöne Landschaft geht, gibt es einen zusätzlichen physiologischen Entspannungseffekt durch eine Stoffwechsel- und eine Hormonumstellung.« Wer beim Wandern auf die Geräusche des Waldes achtet, sich im

Regen unter einen Baum stellt oder vielleicht einmal barfuß über eine Wiese geht, spürt elementar, dass er selbst zu dieser Natur gehört. Wir leben in Zusammenhängen, die weit über uns hinausgehen. Das ist tröstlich!

Im Herbst 1824 wandert der 27-jährige Heinrich Heine von Göttingen aus durch den Harz. In seiner berühmten Reisebeschreibung »Die Harzreise« hält Heine fest: »Wie ein guter Dichter liebt die Natur keine schroffen Übergänge. Die Wolken, so bizarr gestaltet sie auch zuweilen erscheinen, tragen ein weißes oder doch ein mildes, mit dem blauen Himmel und der grünen Erde harmonisch korrespondierendes Kolorit, so dass alle Farben einer Gegend wie leise Musik ineinander schmelzen und jeder Naturanblick krampfstillend und gemütsberuhigend wirkt ... Eben wie ein großer Dichter weiß die Natur auch mit den wenigsten Mitteln die größten Effekte hervorzubringen. Da sind nur eine Sonne, Bäume, Blumen, Wasser und Liebe. Freilich, fehlt letztere im Herzen des Beschauers, so mag das ganze wohl einen schlechten Anblick gewähren, und die Sonne hat dann bloß so und so viel Meilen im Durchmesser, und die Bäume sind gut zum Einheizen, und die Blumen werden nach den Staubfäden klassifiziert, und das Wasser ist nass.«[3]

Der Wald

»Der« Dichter des Waldes war Josef von Eichendorff. »Wer hat dich, du schöner Wald / Aufgebaut so hoch da droben?« kennen auch viele, die sich sonst nicht für Gedichte interessieren. Eines der bekanntesten Gedichte Eichendorffs trägt den Titel »Abschied«:

> O Täler weit, o Höhen,
> O schöner, grüner Wald,
> Du meiner Lust und Wehen
> Andächtger Aufenthalt!

Da draußen, stets betrogen,
Saust die geschäftge Welt,
Schlag noch einmal die Bogen
Um mich, du grünes Zelt!
...
Bald werd ich dich verlassen,
Fremd, in der Fremde gehn,
Auf buntbewegten Gassen,
Des Lebens Schauspiel sehn,
Und mitten in dem Leben
Wird deines Ernsts Gewalt,
Mich Einsamen erheben,
So wird mein Herz nicht alt.

JOSEPH VON EICHENDORFF

Eichendorff schrieb das Gedicht vor der Abreise zum Studium nach Wien. Der Wald, den er hier beschwört, ist der Wald seiner Kindheit auf Schloss Lubowitz in Oberschlesien. Eichendorff hat diesen Wald in der Erinnerung überallhin mitgenommen, wohin es ihn in seiner späteren Laufbahn als preußischer Beamter verschlug: nach Danzig, Königsberg und Berlin. An seinen Bruder schrieb er: »Es ist ein wunderbares Lied in dem Waldesrauschen unserer heimatlichen Berge; wo du auch seist, es findet dich doch einmal, und wär's durch offene Fenster im Traume. Keinen Dichter noch ließ seine Heimat los.« Eichendorff wusste sich behütet von der Erinnerung an das »grüne Zelt« des Waldes. Der Wald wurde ihm Schutz und Trost in der Fremde, ein Fluchtort aus der lärmenden Welt der »buntbewegten Gassen«. Der Wald ist bei Eichendorff ein Ort der Erinnerung und der Sehnsucht, aber auch des Trostes.

Tröstet der Wald immer noch?

Auch 200 Jahre nach Eichendorff haben sich die Deutschen ein besonderes Verhältnis zum Wald bewahrt. Noch immer führt der traditionelle Sonntagsspaziergang viele in den Wald oder zumindest in einen nahegelegenen Park. Deutschland ist eines der waldreichsten Länder Europas, ein Drittel des Landes ist mit Wald bedeckt. Kaum irgendwo gibt es so viele Waldwege, Waldlehrpfade und Waldspielplätze wie in Deutschland. Doch nicht jeder Wald tröstet. Wer an manchen Wochenenden am Rande der Ballungszentren die »Waldeinsamkeit« sucht, wird sie dort kaum finden. Tausende haben sich aufgemacht, »im Grünen« zu joggen, mit Nordic-Walking-Stöcken Runden zu drehen, Hunde auszuführen, mit Mountain-Bikes über Stock und Stein zu jagen oder auf den Wald-Grillplätzen ein Picknick zu veranstalten.

Der Wald kann jedoch noch immer trösten, nicht unbedingt als Fitness-Parcours, aber als besonderes Öko-System. Ein Wald ist voller Leben: Ich höre den Specht, finde Pilze am Wege, beobachte Eichhörnchen, stoße auf unbekannte Käfer, entdecke wilde Blumen, treffe auf Spuren von Wildschweinen, finde überall Beeren und höre den Wind, der durch die Kronen der Bäume fährt. Im Wald wächst alles. Wo vor Jahren noch ein Kahlschlag war, sehe ich jetzt überall frisches Grün, neue Triebe, kleine Bäume. Der Wald ist souverän widerständig, das ist tröstlich. Er kommt immer wieder. Der Wald ist ein großes Öko-System, alles hängt mit allem zusammen. Wenn ich in den Wald gehe, versuche ich, das zu respektieren. Ich erkenne die Ordnung an, bin froh, dass es sie gibt, und fühle mich ihr zugehörig.

Der Wald kann mich »ansprechen«: Wenn das Sonnenlicht durch die Blätter scheint, der Wind durch die Wipfel streicht, wenn ich im Wald auf ein schönes Landschaftsbild stoße, einen eindrucksvollen Baum entdecke oder die große Stille des Waldes spüre, dann erzeugt das bei mir Resonanz. Wer sich im und vom Wald berühren lässt, der kann im Wald auch Trost finden.

DIE WÄLDER SCHWEIGEN

Die Jahreszeiten wandern durch die Wälder.
Man sieht es nicht. Man liest es nur im Blatt.
Die Jahreszeiten strolchen durch die Felder.
Man zählt die Tage. Und man zählt die Gelder.
Man sehnt sich fort aus dem Geschrei der Stadt.

Das Dächermeer schlägt ziegelrote Wellen.
Die Luft ist dick und wie aus grauem Tuch.
Man träumt von Äckern und von Pferdeställen.
Man träumt von grünen Teichen und Forellen.
Und möchte in die Stille zu Besuch.

Die Seele wird vom Pflastertreten krumm.
Mit Bäumen kann man wie mit Brüdern reden
und tauscht bei ihnen seine Seele um.
Die Wälder schweigen. Doch sie sind nicht stumm.
Und wer auch kommen mag, sie trösten jeden.

Man flieht aus den Büros und den Fabriken.
Wohin, ist gleich! Die Erde ist ja rund!
Dort, wo die Gräser wie Bekannte nicken
und wo die Spinnen seidne Strümpfe stricken,
wird man gesund.

ERICH KÄSTNER

Der Friedhof

Die UNESCO nahm 1994 erstmalig einen Friedhof in die Liste des Weltkulturerbes auf. Der Skogskyrkogården im Süden Stockholms, ein 108 Hektar großer Waldfriedhof, wurde zwischen 1917 und 1940 von den bekannten schwedischen Architekten Gunnar Asplund und Sigurd Lewerentz angelegt. Die Natur spielt hier eine zentrale Rolle. Kiefernwald prägt den Friedhof, viele Grabfelder liegen mitten in der Natur, schlichte Grabsteine stehen zwischen den Bäumen, auffallende Grabmale sucht man auf diesem Friedhof vergebens. Kapellen, Krematorien und andere Gebäude sind harmonisch in die Landschaft eingefügt. In das vorgegebene leicht hügelige Landschaftsbild wurde nur geringfügig eingegriffen. Ein Friedhof, der allein durch seine ästhetische Anlage Trost vermittelt.

Waldfriedhöfe finden auch in Deutschland eine starke Resonanz. Viele Menschen haben den Wunsch, im Wald oder unter einem Baum auf dem Friedhof die letzte Ruhe zu finden. Am 8. November 2001 wurde im hessischen Reinhardswald die erste Urne in Deutschland an einem Baum in einem Friedwald bestattet. Mittlerweile existieren überall in Deutschland Friedwälder und Ruheforste – zum Teil auch in kirchlicher Trägerschaft. Experten schätzen, dass in zehn Jahren jede vierte Bestattung im Wald stattfinden könnte.

Was motiviert Menschen, in einem Wald bestattet werden zu wollen? Gewiss spielen auch niedrige Bestattungskosten, der Wegfall späterer Grabpflege, lange Ruhezeiten und der Wunsch, nach dem Tod möglichst »in Ruhe gelassen« zu werden eine Rolle. Ausschlaggebend ist aber wohl vor allem die Liebe zur Natur und zum Wald. Naturreligiöse Motive sind dabei unübersehbar. Schon zu Lebzeiten kann man sich »seinen« Baum aussuchen. Vielen ist es wichtig, ein Verhältnis zu »ihrem« Wald und zu »ihrem« Begräbnisbaum zu entwickeln. Der Gedanke, dass die Asche eines Verstorbenen im Wurzelbereich eines Baumes aufgenommen wird und somit zum Wachsen des Baumes und zum Kreislauf der Natur beiträgt, erscheint vielen Menschen sympathisch – und auch tröstlich. Zurück zu den Wurzeln der Natur! Dort zur Ruhe gebettet zu werden, wo man schon zu Lebzeiten Entspannung und Erholung gefunden hat, ist für nicht wenige eine beruhigende Vorstellung.

Auch viele der 32.000 kommunalen und kirchlichen Friedhöfe sind für nicht wenige Menschen vor allem ein Ort der Ruhe und Erholung.

Mit einer Gesamtfläche von mehr als 250.000 Hektar haben sie einen erheblichen Anteil am öffentlichen Grün in den Städten. Besonders alte Friedhöfe sind mit ihrem oft ehrwürdigen Baumbestand Refugien der Stille im sonst eher lärmenden Alltag der Städte.

Friedhöfe sind aber noch mehr als nur Grünanlagen. Wer auf einem Friedhof das Grab eines Angehörigen besucht, sieht auf den Grabsteinen noch andere Namen, die ihm etwas »sagen«: Personen, mit denen ihn Erinnerungen verbinden, oder auch Lebensdaten, die einem zu denken geben. Man erschrickt, wie kurz ein Leben war, oder staunt, wie lange jemand gelebt hat. Der Friedhof ist ein Ort der Erinnerungen. Als ich nach längerer Zeit wieder unseren alten Dorffriedhof besuchte, fand ich viele Gräber von früheren Mitspielern im Fußballverein. Bei jedem Namen fielen mir wieder alte Geschichten ein. Gut, dass sich diese alten Fußballfreunde nicht in einem entfernten Friedwald oder anonym haben beerdigen lassen. Dass jedermann ohne Ansehen der Person einen Anspruch auf ein eigenes Grab hat und auf diesem Grab der Name des Verstorbenen zu lesen ist, empfinde ich als einen Akt der Würde. Es ist auch ein Zeichen des Trostes. Die Toten bleiben Teil unseres Lebens.

Auf dem Friedhof werden Geschichten erzählt. Vor allem in kleinen Orten sieht man auf den Friedhöfen oft Menschen, die bei der Grabpflege miteinander ins Gespräch kommen. Hier begegnen sich Personen, die eine ähnliche Erfahrung im Leben gemacht haben. Der alte Dorffriedhof, auf dem meine Eltern und Großeltern begraben liegen, war ein Ort der Kommunikation, wo auch »getratscht« wurde, aber wo man sich im Gespräch auch gegenseitig aufrichtete.

Der Friedhof ist ein Ort der öffentlichen Gemeinschaft, von dieser getragen und gepflegt. Als öffentlicher Ort sollte er für alle zugänglich und auch erreichbar sein, die dort trauern oder Gelegenheit zur Erinnerung haben möchten. Diese solidarische Vorstellung vom Friedhof geht auf das frühe Christentum zurück. In der antiken Gesellschaft gab es nur private Grabstätten, denn Begräbnisse waren eine Angelegenheit der Familie. Hatten Menschen keine Familie oder kein Geld, um eine eigene Grabstätte zu erwerben, wurden sie in Massengräbern oder Sandgruben verscharrt. Erst die christliche Kirche organisierte eine Bestattung für alle Christenmenschen, ungeachtet ihrer Vermögensverhältnisse oder ihrer familiären Herkunft. Die Bestattung der Toten gehörte zu den Sieben Werken der Barmherzigkeit, sie war nicht mehr Sache jedes Einzelnen, sondern eine Angelegenheit der christlichen Gemeinde. Diese Vorstellung macht deutlich, dass die Verstorbenen nach christlichem Verständnis zu einer Gemeinschaft gehören, die über den Tod hinausreicht – ein tröstlicher Gedanke.

Der Garten

Gärtnern liegt momentan voll im Trend. Gartencenter verzeichnen seit Jahren steigende Umsätze. Neben dem Sport ist die Gartenarbeit inzwischen das beliebteste Hobby der Deutschen. Aber Gartenarbeit ist, wenn es mehr ist als nur die Versorgung von Balkonpflanzen, in erster Linie Arbeit. Der Boden muss verbessert und gedüngt, der Kompost muss umgesetzt, das Unkraut gejätet, die Pflanzen müssen beschnitten und gewässert, Schnecken, Wühlmäuse und andere Schädlinge vertrieben werden. Im Garten gibt es immer etwas zu tun. Man macht sich dreckig, wühlt mit den Händen in der Erde, muss graben, hacken, rausreißen, schleppen und mähen. Gartenarbeit ist keine Idylle. Wer einen Tag im Garten gearbeitet hat, hat hinterher Muskelkater und spürt seinen Rücken.

Denn ein Garten setzt einem Widerstand entgegen. Die Pflanzen wachsen nicht so, wie sie sollen. Überall gibt es Unkraut, der Rasen bekommt kahle Stellen, Schädlinge machen sich breit, es kommt zu Sturmschäden. Im Garten erlebe ich: Das Leben ist nicht totzukriegen. Überall wächst es. »Kaum hat man sich umgedreht, ist es schon wieder zugewachsen«, sagt mein Nachbar. Selbst Beton ist letztlich machtlos. Wie tröstlich! Grün ist die Farbe des Lebens.

Dennoch muss man im Garten Ordnung halten. Es klingt romantisch, den Garten verwildern zu lassen, aber nach kurzer Zeit hat man »Kraut und Rüben« – und das sieht gar nicht mehr schön aus.

Ein Witz macht es deutlich: Beim Gang durchs Dorf bleibt der Pfarrer bei einem wunderschönen Garten stehen. »Was haben Sie für einen schönen Garten!«, ruft er dem Mann zu, der gerade in diesem Garten arbeitet. »Da hat der Herrgott aber schöne Blumen und Pflanzen wachsen lassen.« »Na«, antwortet der Gärtner, »da hätten Sie den Garten mal sehen sollen, als unser Herrgott ihn noch ganz allein bewirtschaftet hat.«

Wenn das Gestrüpp alles bedeckt und manche Teile des Gartens unzugänglich werden, ist ein verwilderter Garten nicht mehr schön. Andererseits muss ein Garten auch noch Reste von Wildnis behalten, ein zugepflasterter, pflegeleichter »Garten« mit einzelnen Pflanzkübeln ist für mich kein richtiger Garten.

Ein Garten macht Arbeit, aber es ist eine Arbeit, die einem gut tut und die trösten kann. Denn bei der Gartenarbeit kommt man zur Ruhe. Wer mit graben, jäten und mähen beschäftigt ist, kann nicht ständig reden. Meist ist man sowieso allein für sich und kann in Ruhe über alles nachdenken. So sieht es auch der große Gartenfreund Hermann Hesse: »Schau, das Unkräuter Jäten finden die meisten Leute sehr langweilig … Mir ist es aber gar nicht langweilig, es ist dem Meditieren sehr förderlich, grad weil es keine besondere Aufmerksamkeit erfordert.«[4]

Gartenarbeit beruhigt – und es ist tröstlich zu sehen, dass tatsächlich gewachsen ist, was man selbst gesät und gepflanzt hat. Die Sonnenblumen sind in die Höhe geschossen, die Himbeeren haben sich prächtig entwickelt und aus all den Zwiebeln, die man in die Erde gesteckt hat, sind tatsächlich goldgelb blühende Narzissen geworden.

Es ist alles da – und es kommt auch alles wieder. Die Schneeglöckchen sind pünktlich im Januar wieder zur Stelle und der alte Flieder, den man vor Jahren schon abgehauen hatte, treibt trotzdem immer noch jedes Jahr aus. In Schweden sehe ich oft mitten im Wald alte

Kirschbäume, Bartnelken oder Fliederbüsche, wo vor langer Zeit mal ein Haus gestanden hat. Das finde ich tröstlich.

Ein Garten ist voller Leben. In der wärmeren Jahreszeit beginnen die Vögel zum Sonnenaufgang ihr Morgenkonzert. Mit dem Frühling kommen die Hummeln und Schmetterlinge. Im Mai und Juni ist alles voller Blumen und Blüten. Die verschiedenen Insekten kennt man oft gar nicht. Im Herbst wachsen die Pilze unter den Bäumen. Es gibt immer wieder Neues zu entdecken, denn der Garten ändert sich ständig.

Ein Garten tut dem Auge gut – und er bedient alle Sinne: Man kann den Gesang der Vögel hören, Eichhörnchen beobachten, an den Bäumen den Wechsel der Jahreszeiten erleben, den Duft der blühenden Rosen aufnehmen, den blühenden Kirschbaum bewundern, das Wehen des Windes in den Bäumen hören, die ersten Äpfel pflücken und schmecken. Der Garten ist ein regelrechter Therapeut – beruhigend, heilend, tröstend.

Die Bäume

Am 23.2.1944 schrieb Anne Frank in ihr Tagebuch: »Von meinem Lieblingsplatz auf dem Boden sehe ich ein Stück vom blauen Himmel, sehe den kahlen Kastanienbaum, an dessen Zweigen kleine Tropfen schillern, und die Möwen, die in ihrem eleganten Gleitflug wie aus Silber scheinen ... Solange es so ist ... weiß ich, dass es unter allen Umständen einen Trost gibt für jeden Kummer, und ich glaube bestimmt, dass die Natur so vieles Leid erleichtert.« Der Kastanienbaum war eines der kleinen Stückchen Natur, die das 14-jährige Mädchen vom Hinterhaus aus sehen konnte, in dem sie sich gemeinsam mit ihrer Familie während der deutschen Besatzungsherrschaft in den Niederlanden versteckt hielt. Am 13.5.1944 schrieb sie: »Unsere Kastanie steht von oben bis unten in voller Blüte und ist viel schöner als im vergangenen Jahr.« Der Anblick des Kastanienbaumes gab Anne Frank Trost und erfüllte sie zugleich mit Hoffnung auf bessere Zeiten.

Anne Franks Kastanienbaum fiel 65 Jahre nach ihrer Ermordung in Bergen-Belsen im August 2010 nach einem schweren Unwetter um – betrauert von vielen Niederländern.

> Mein Freund, der Baum, ist tot
> Er fiel im frühen Morgenrot
> Du fielst heut früh ich kam zu spät
> Du wirst dich nie im Wind mehr wiegen
> Du musst gefällt am Wegrand liegen ...
> Wer wird mir nun die Ruhe geben
> Die ich in deinem Schatten fand
> Mein bester Freund ist mir verloren
> Der mit der Kindheit mich verband.

Am 31.7.1969 verunglückte die Sängerin Alexandra mit ihrem Auto tödlich. Ihr Lied »Mein Freund, der Baum, ist tot«, der erste Öko-Song der Pop-Geschichte, avancierte nach ihrem frühen Tod zu einem Kultsong, der auch heute noch viele Menschen berührt.

> Ich wollte dich längst schon wieder sehen
> Mein alter Freund aus Kindertagen
> Ich hatte manches dir zu sagen
> Und wusste du wirst mich verstehen
> Als kleines Mädchen kam ich schon
> Zu dir mit all den Kindersorgen
> Ich fühlte mich bei dir geborgen
> Und aller Kummer flog davon
> Hab ich in deinem Arm geweint
> Strichst du mit deinen Blättern
> Mir übers Haar mein alter Freund.
>
> ALEXANDRA

In einer Fußnote zu dem postum veröffentlichten dritten Band seiner »Gedanken und Erinnerungen« äußert sich der eiserne Kanzler Otto von Bismarck zu seinem Nachfolger Leo von Caprivi: »Ich kann nicht leugnen, dass mein Vertrauen in den Charakter meines Nachfolgers einen Stoß erlitten hat, seit ich erfahren habe, dass er die uralten Bäume vor der Gartenseite seiner, früher meiner Wohnung hat abhauen lassen ... Ich würde Herrn von Caprivi manche politische Meinungsverschiedenheit eher nachsehen als die ruchlose Zerstörung alter Bäume.«[5]

Die Trauer über den Verlust alter Bäume zeigt nachdrücklich die besondere Nähe, die viele Menschen gerade zu Bäumen empfinden. Ein Baum ist mehr als irgendein Stück Natur.

Bäume sind lebensnotwendig. Sie regulieren den Wasserhaushalt und sichern unsere Trinkwasserversorgung. Sie binden das Kohlendioxid und liefern den Sauerstoff, ohne den wir nicht atmen können. Sie reinigen die Luft, filtern Staub und Schadstoffe und schützen den Menschen vor Lärm und sengender Sonne. Bäume halten die Natur im Gleichgewicht.

In früheren Zeiten lebten die Menschen von den Bäumen und ihren Früchten. Der Wald machte alle satt und das Holz der Bäume lieferte die Energie zum Kochen und Heizen.

Bäume sind nicht nur nützlich, sie sind auch schön. Was ist die Architektur eines Versicherungspalastes gegen die Kunstfertigkeit und Schönheit eines einzigen Baumes? Wenn der Wind mit den Blättern spielt, das Sonnenlicht sie aufleuchten lässt, wenn der Mond ihre Silhouette versilbert, der Regen ihr Laub wäscht und glänzend macht ...

Bäume bieten Schutz. Unter einem Baum kann ich mich bergen. »Wer möchte leben ohne den Trost der Bäume?«, fragt der Dichter Günter Eich. Bäume sind Symbole des Lebens. Sie können ein höheres Alter erreichen als jedes andere Lebewesen. Grannenkiefern kommen auf 4.000 Jahre und mehr, eine Eiche kann tausend Jahre alt werden. Alte Bäume erinnern an Menschen, die vor uns gelebt haben, und

Ereignisse, die lange zurückliegen. Bäume machen die Zeit sichtbar. »Bäume sind die einzigen Lebewesen, die wie die Menschen in erkennbarer Weise altern und dabei über lange Zeiträume die Jahre zählen. Ihre Jahresringe sind ein eingebauter Kalender«[6], in dem die Geschichte des Baumes zu lesen ist: dürre und üppige Jahre, Krankheiten und überstandene Stürme.

Bäume gleichen den Menschen. Sie behaupten sich auf jedem Boden, trotzen Wind und Wetter, kämpfen um ihr Leben und streben weiter in die Höhe. Bäume mit tiefen Wurzeln können einem Sturm besser standhalten. Wie Menschen entwickeln Bäume mit der Zeit einen eigenen Charakter. Gerade alte Eichen, Linden oder Buchen sind oft Individuen mit einer eigenen Geschichte.

Bäume können trösten, an ihnen kann man sich aufrichten. Beim Propheten Jeremia heißt es: »Gesegnet ist der Mann, der sich auf den HERRN verlässt und dessen Zuversicht der HERR ist. Der ist wie ein Baum, am Wasser gepflanzt, der seine Wurzeln zum Bach hin streckt. Denn obgleich die Hitze kommt, fürchtet er sich doch nicht, sondern seine Blätter bleiben grün; und er sorgt sich nicht, wenn ein dürres Jahr kommt, sondern bringt ohne Aufhören Früchte.« (17,7-8)

Hinter dem Chor des Domes in Hildesheim wächst ein »tausendjähriger Rosenstock«. Der Legende nach ist der Strauch mit der Gründung des Bistums und der Stadt Hildesheim durch Kaiser Ludwig den Frommen im 9. Jahrhundert verbunden. Während des Zweiten Weltkriegs verbrannte der Rosenstock bei einem Bombenangriff und lag unter Trümmern verborgen. Acht Wochen nach dem Angriff brachte die Wurzel des Rosenstrauchs erneut 25 neue Triebe hervor. Der Strauch hat jetzt eine Höhe von etwa zehn Metern. Er hat eiskalte Winter und späte Fröste im Mai überlebt, den Befall mit Blattläusen und Spinnmilben überstanden und trotzt den Jahrhunderten. Die Hildesheimer glauben, dass die Stadt von einem Unglück betroffen wird, wenn die Rose nicht mehr blüht. Darum hegen und pflegen sie »ihren« tausendjährigen Rosenstock.

TROST

Unsterblich duften die Linden –
Was bangst du nur?
Du wirst vergehen und deiner Füße Spur
Wird bald kein Auge mehr im Staube finden.
Doch blau und leuchtend wird der Sommer stehn
Und wird mit seinem süßen Atemwehn
Gelind die arme Menschenbrust entbinden.
Wo kommst du her? Wie lang bist du noch hier?
Was liegt an dir?
Unsterblich duften die Linden. –

INA SEIDEL

Die Sterne

»Zwei Dinge erfüllen das Gemüt mit immer neuer und zunehmender Bewunderung und Ehrfurcht, je öfter und anhaltender sich das Nachdenken damit beschäftigt: der bestirnte Himmel über mir und das moralische Gesetz in mir.« Der berühmte Satz aus der »Kritik der praktischen Vernunft«, seit 1994 wieder als Text einer Gedenktafel am Dom zu Königsberg, heute Kaliningrad, festgehalten, zeugt von Immanuel Kants lebenslanger Begeisterung für die Astronomie. Kant betrachtete den nächtlichen Sternenhimmel voller Ehrfurcht, nicht aus der Perspektive des Wissenschaftlers oder Gelehrten, sondern aus persönlicher Erfahrung und emotionaler Betroffenheit. Sein Schüler Jachmann berichtet: »Wie oft ließ sich Kant, wenn er mit seinen Freunden über den Bau des Weltgebäudes sprach, mit wahrem Entzücken über Gottes Weisheit, Güte und Macht aus! Ein einziges solches Gespräch über Astronomie, wobei Kant stets in eine hohe Begeisterung geriet, musste nicht allein einen jeden überzeugen, dass Kant an einen Gott und eine Vorsehung glaubte, sondern es hätte selbst den Gottesleugner in einen Gläubigen verwandeln müssen.«[7]

Kants sternenübersäten Nachthimmel können die meisten Menschen in europäischen Großstädten nicht mehr sehen. In weiten Teilen Europas ist es in der Nacht so hell, dass mit bloßem Auge auch in klarer Nacht nur noch wenige Sterne sichtbar sind. »Lichtverschmutzung« nennen die Astronomen dieses Phänomen, das in Deutschland jährlich um fast sechs Prozent zunimmt. Nach Umfragen hat die Hälfte aller Befragten unter 30 Jahren in Deutschland noch nie die Milchstraße gesehen.

Um das grandiose Schauspiel eines pechschwarzen Himmels mit einigen tausend Sternen und dem leuchtenden Band der Milchstraße, mit Planeten und Sternschnuppen noch sehen zu können, muss man heute fernab von Städten aufs flache Land, an die Küste oder ins Gebirge fahren. Dann steht man allerdings überwältigt, kann sich an der Fülle der Sterne nicht satt sehen und wird das Erlebnis nicht mehr vergessen. Ich erinnere mich an eine Fortbildungswoche im November auf der Nordseeinsel Juist. Wir standen auf den Dünen und sahen einen überwältigenden Sternenhimmel. Manche Teilnehmer sahen zum ersten Mal in ihrem Leben Sternschnuppen, das Siebengestirn oder den Andromeda-Nebel. Wir hatten eine Nachtwanderung geplant, aber keiner wollte weitergehen. Ich hätte die Fortbildungswoche zum Thema »Schöpfung« danach auch abbrechen können. Dieses Naturschauspiel war nicht mehr zu überbieten. Noch Jahre später bin ich von Teilnehmern auf diese Erfahrung angesprochen worden.

Der Blick nach oben reicht Millionen Jahre zurück. Das Licht der Andromeda-Galaxie braucht zwei Millionen Jahre, bis es die Erde erreicht. Wer staunend in den Sternenhimmel blickt, dem wird bewusst, dass er Teil von etwas viel Größerem ist. Die Menschheit wäre ohne die Sterne nicht entstanden, ohne »unseren« Stern, die Sonne, könnten wir gar nicht existieren. Wir sind mit den Sternen verbunden. Sie sind verlässlich da, jeden Abend, jede Nacht und das seit Jahrmillionen. Das ist tröstlich. Der Blick in den Sternenhimmel beruhigt, denn er stellt klar: »Es gibt eine höhere Ordnung!«

1803 hat Matthias Claudius sein berührendes Gedicht über »die Sternseherin Lise« veröffentlicht:

> Ich sehe oft um Mitternacht,
>   Wenn ich mein Werk getan
> Und niemand mehr im Hause wacht,
>   Die Stern' am Himmel an.
>
> Sie gehen da, hin und her zerstreut
>   Als Lämmer auf der Flur;
> In Rudeln auch, und aufgereiht
>   Wie Perlen an der Schnur;
>
> Und funkeln alle weit und breit,
>   Und funkeln rein und schön;
> Ich seh die große Herrlichkeit,
>   Und kann mich satt nicht sehn …
>
> Dann saget, unterm Himmels-Zelt,
>   Mein Herz mir in der Brust:
> »Es gibt was Bessers in der Welt
>   Als all ihr Schmerz und Lust.«
>
> Ich werf mich auf mein Lager hin,
>   Und liege lange wach.
> Und suche es in meinem Sinn,
>   Und sehne mich danach.
>
> MATTHIAS CLAUDIUS

Lise ist keine Astronomin und keine Gelehrte, sondern eine einfache Frau, die nach getaner Hausarbeit den nächtlichen Sternenhimmel betrachtet und sich von der großen »Herrlichkeit« ergreifen lässt. Sie staunt über die Schönheit und Harmonie der Sterne und spürt, dass es noch etwas anderes gibt als »Schmerz und Lust« dieser Welt. Hier wird eine Transzendenzerfahrung beschrieben. Der funkelnde Nachthimmel wird zum Gleichnis für die unstillbare Sehnsucht nach einer höheren Welt.

Wer sich mit den Sternen befasst, fragt unausweichlich nach dem Woher, Warum und Wozu dieser Welt. Der Blick in den nächtlichen Sternenhimmel führt an die Grenzen des Verstehens und macht einem bewusst, wie klein der Mensch ist angesichts des unermesslichen Weltalls. »Wenn ich sehe die Himmel, deiner Finger Werk, den Mond und die Sterne, die du bereitet hast, was ist der Mensch, dass du seiner gedenkst, und des Menschen Kind, dass du dich seiner annimmst?« (Psalm 8,4-5)

Der Mond ist aufgegangen

Das beliebteste deutsche Volkslied ist gar kein Volkslied, sondern ein Gedicht von Matthias Claudius: »Der Mond ist aufgegangen«. Das Bild einer stillen Mondnacht wird in diesem Gedicht zum Hinweis auf eine andere Welt, die hoch über Mond und Sternen gedacht wird, in den Gestirnen aber zu den Menschen spricht. Das Lied beschreibt keine Idylle, der »Jammer des Tages« wird nicht geleugnet. Ein Hauch von Todesahnung liegt über dem Gedicht: »Der Wald steht schwarz und schweiget«, und am Ende ist vom kalten Abendhauch die Rede. Doch Mond und Sterne lenken den Blick nach oben, wo noch mehr ist als das, was wir sehen können. In den letzten drei Strophen wird das Gedicht zum Gebet. »Die dunkle Seite ist eingebettet in einen christlichen Trost, der sich auch auf den ›kranken Nachbarn‹ erstreckt.« (Ulrich Greiner) Mit der anrührenden Bitte um den Schlaf des kranken Nachbarn endet dieses ebenso weise wie trostreiche Abendlied.

Der Mond ist aufgegangen
Die goldnen Sternlein prangen
    Am Himmel hell und klar;
Der Wald steht schwarz und schweiget,
Und aus den Wiesen steiget
    Der weiße Nebel wunderbar.

Wie ist die Welt so stille
Und in der Dämmrung Hülle
    So traulich und so hold!
Als eine stille Kammer,
Wo ihr des Tages Jammer
    Verschlafen und vergessen sollt.

Seht ihr den Mond dort stehen? –
Er ist nur halb zu sehen,
    Und ist doch rund und schön!
So sind wohl manche Sachen,
Die wir getrost belachen,
    Weil unsre Augen sie nicht sehn.

Wir stolze Menschenkinder
Sind eitel arme Sünder,
    Und wissen gar nicht viel;
Wir spinnen Luftgespinste,
Und suchen viele Künste,
    Und kommen weiter von dem Ziel.

Gott, lass uns dein Heil schauen,
Auf nichts Vergänglichs trauen,
    Nicht Eitelkeit uns freun!
Lass uns einfältig werden,
Und vor Dir hier auf Erden
    Wie Kinder fromm und fröhlich sein!

***

Wollst endlich sonder Grämen
Aus dieser Welt uns nehmen
    Durch einen sanften Tod!
Und, wenn du uns genommen,
Lass uns in Himmel kommen,
    Du unser Herr und unser Gott!

So legt euch denn, ihr Brüder,
In Gottes Namen nieder;
    Kalt ist der Abendhauch.
Verschon' uns, Gott! mit Strafen,
Und lass uns ruhig schlafen!
    Und unsern kranken Nachbar auch!

MATTHIAS CLAUDIUS

10. Können Bücher trösten?

Nach dem Tod des Vaters zog sich Michel de Montaigne, Ratsherr des Parlaments von Bordeaux, 1571 auf seinen Landsitz zurück. Neun Jahre lebte und arbeitete er, umgeben von seinen etwa 1.000 Büchern, im Turm seines Schlosses an den drei Bänden seiner »Essais«, die als Versuch einer Selbstfindung beginnen und sich zu Reflexionen zu allen nur denkbaren Themen ausweiten. Im dritten Band bekennt Montaigne, dass er in der Bibliothek »die meisten Tage meines Lebens und die meisten Stunden der Tage« verbringt. Der Umgang mit Büchern »tröstet mich im Alter und in der Einsamkeit. Er entlastet mich von der Bürde eines öden Müßiggangs und hält mir zu jeder Stunde unerwünschte Gesellschaft vom Leibe. Er stumpft die stechenden Schmerzen, falls sie nicht übermächtig sind. Um einen lästigen Gedanken loszuwerden, brauche ich bloß zu den Büchern zu greifen – sie befreien mich davon, indem sie mich sogleich voll in Anspruch nehmen ... Sie sind die beste Wegzehrung, die ich für unsere irdische Reise gefunden habe, und ich bemitleide zutiefst alle Menschen von Verstand, die ihrer ermangeln.«[1]

Die therapeutische Wirkung von Büchern kannten schon die alten Ägypter. Über der Tempelbibliothek des Pharao Ramses II. standen die Worte »Heilstätte der Seele«, eine Bezeichnung, die später für griechische, römische und dann auch für christliche Bibliotheken übernommen wurde.

Auch der Literaturwissenschaftler Hermann Kurzke gesteht: »Umgeben von ihnen (sc. meinen Büchern) fühle ich mich geborgen und zu Hause. Sie sind Heimat und Zuflucht, Stecken und Stab ... Sie wissen alles und wollen nichts. Sie lassen mir Freiheit und geben mir Freiheit.«[2]

Bestimmte Bücher sind wie Freunde. Man hat sie schon lange. Vielleicht stammen sie noch von den Eltern oder Großeltern oder man hat sie als Kind geschenkt bekommen. Man würde sie um keinen Preis hergeben, wie die alte Bibel meiner Großeltern, in der noch die Kalenderblätter meiner Großmutter stecken. Die Bücher begleiten einen im Leben. Würden sie verloren gehen, wäre das ein großer Verlust. Dass ich sie um mich habe, mit den alten Anstreichungen, Notizen und Eselsohren, kann auch trösten. Bücher können zur Heimat werden.

Durch ein Buch kann ich zur Ruhe kommen und die Welt um mich herum vergessen. »Ich habe überall nach Glück gesucht, aber ich habe es nirgends gefunden außer in einem Eckchen mit einem kleinen Büchlein.« (Thomas von Kempen) Bücher können aber auch aufwühlen und betroffen machen, Steine ins Rollen bringen und Veränderungen in Gang setzen. »Ein Buch muss die Axt sein für das gefrorene Meer in uns.« (Franz Kafka)

Kann Literatur trösten? Der Dichter und langjährige Verleger (Hanser Verlag) Michael Krüger äußert sich in einem Interview skeptisch: »Trost – ich weiß nicht, ob Bücher wirklich Trost spenden können. Aber ich glaube, dass ich aus Büchern mehr erfahre als im unmittelbaren Umgang mit Menschen. Der Umgang mit Menschen ist ja doch zu zwei Drittel eine trostlose Angelegenheit.« (ZEIT ONLINE, Juni 2010) Friedrich Dürrenmatt geht darüber hinaus und stellt in einem Gespräch dezidiert fest: »Literatur darf keinen Trost geben. Trost können andere Dinge geben. Literatur, glaube ich, darf nur beunruhigen.« Dürrenmatt stellt in dem Gespräch dann die Frage: »Was ist mein Trost? Womit tröste ich mich?« Seine Antwort: »Ich tröste mich nur, indem ich schreibe ... Das Formulieren von Trostlosigkeit ist mein Trost.«[3]

Doch ob ein Buch oder Text tröstet oder nicht, hat ein Schriftsteller nicht mehr in der Hand. »In einem guten Buch stehen mehr Wahrheiten, als sein Verfasser hineinzuschreiben meinte.« (Marie von Ebner-Eschenbach) Texte entfalten eigene Wirkungen – und Trost wird ganz subjektiv empfunden. Nur der Trostbedürftige selbst kann entscheiden, ob er getröstet worden ist.

Eindrucksvolle Berichte dokumentieren, wie Bücher oder Gedichte gerade in Grenzsituationen tröstend wirken können. Die amerikanische Literaturwissenschaftlerin Ruth Klüger wurde als Zwölfjährige zusammen mit ihrer Mutter nach Theresienstadt deportiert und kam von dort über Auschwitz ins Konzentrationslager Christianstadt. In ihrer Biographie »weiter leben. Eine Jugend« erzählt sie: »Viele KZ-Insassen haben Trost in den Versen gefunden, die sie auswendig wussten. Man fragt sich, worin denn das Tröstliche an so einem Aufsagen eigentlich besteht. Meistens werden Gedichte von religiösem oder weltanschaulichem Inhalt erwähnt oder solche, die einen besonderen emotionalen Stellenwert in der Kindheit des Gefangenen hatten. Mir scheint es indessen, dass der Inhalt der Verse erst in zweiter Linie von Bedeutung war und dass uns in erster Linie die Form selbst, die gebundene Sprache, eine Stütze gab. Oder vielleicht ist auch diese schlichte Deutung schon zu hoch gegriffen, und man sollte zu allererst feststellen, dass Verse, indem sie die Zeit einteilen, im wörtlichen Sinne ein Zeitvertreib sind.«[4]

Die besondere Trostfunktion von Literatur gerade in Konzentrationslagern wird auch von dem Wiener Psychologen Viktor Frankl bestätigt, der selbst vier Konzentrationslager überlebt hat und in seinem Vortrag »Das Buch als Therapeutikum« von einem Vorfall im KZ Theresienstadt erzählt: »Ein Transport mit an die tausend jungen Menschen musste zusammengestellt werden, und am nächsten Morgen ging es ins Lager Auschwitz. Am selben Morgen aber musste festgestellt werden, dass in der Nacht in die Lagerbücherei eingebrochen worden war. Jeder einzelne von den Todgeweihten hatte sich Werke seiner Lieblingsdichter, aber auch wissenschaftliche Bücher in den Rucksack gestopft.«[5]

Literatur kann trösten. Nicht nur, weil man sich mit Büchern zurückziehen und lesend in eine andere Welt eintauchen kann. Sondern weil gute Literatur in einer oft unheilen Welt auch die Möglichkeit einer Veränderung dieser Welt aufleuchten lässt. Nicht alle Bücher trösten, sondern am ehesten die, die einen über sich selbst hinausführen und eine Vorstellung von einer anderen, größeren Wahrheit vermitteln.

Seit den 1970er Jahren hat die »Bibliotherapie« als »unterstützende Heilbehandlung« bei der Bewältigung von Lebenskrisen auch im deutschsprachigen Raum Fuß gefasst. In den USA und in Skandinavien wird die Bibliotherapie in Krankenhäusern, Kinder- und Altenheimen sowie in Gefängnissen schon länger eingesetzt. Ziel der Bibliotherapie ist es, durch das Lesen und Verarbeiten von Texten positive kognitive und emotionale Veränderungsprozesse zu unterstützen. Der Therapeut wählt dabei die Literatur für den Patienten aus. Es geht dabei nicht so sehr um ein Selbsthilfeprogramm, sondern um lautes Vorlesen und das engagierte Gespräch in der Gruppe. Dabei versuchen die Teilnehmer, in Sprache zu fassen, was das Gelesene mit dem eigenen Leben zu tun haben könnte. Die Literatur wirkt hier aber nicht wie ein spezielles Medikament, das zu einem bestimmten Leiden verabreicht wird – etwa die Lektüre des Märchens »Das hässliche Entlein« bei Minderwertigkeitsgefühlen oder Wilhelm Buschs »fromme Helene« bei Alkoholproblemen. Nein, Literatur wirkt immer individuell und kann nicht als Rezept eingesetzt werden. Der therapeutische Prozess wird durch das Lesen selbst in Gang gesetzt.

11. Lerne leiden, ohne zu klagen – der Trost der Philosophie

Boethius: »Trost der Philosophie«

Im Jahr 524 n. Chr. sitzt der römische Reichskanzler Anicius Manlius Boethius in Pavia unter der Anklage des Hochverrats im Gefängnis und wartet auf seine Hinrichtung. Der aus altem römischen Adel stammende Boethius war am Hof des Ostgotenkönigs Theoderich bis in die höchsten Staatsämter aufgestiegen, dann aber vermutlich aufgrund einer Intrige beim König in Ungnade gefallen und eingekerkert worden. In der langen Wartezeit vor seiner Hinrichtung schrieb Boethius ein Buch, das ihm Trost spenden sollte: »Trost der Philosophie«. Das Buch sollte zur berühmtesten und einflussreichsten Trostschrift in der Geschichte der Philosophie werden. Es ist konzipiert als ein Dialog zwischen Boethius als Trostbedürftigem und Kranken und der als Seelenärztin personifizierten Philosophie. Die philosophische Therapie besteht nun darin, dass der Kranke strikt mit Mitteln der Vernunft geheilt werden soll.

Der kranke Boethius klagt zunächst sein Leid angesichts seines ungerechten Schicksals, doch die Ärztin »Philosophia« gibt ihm zu bedenken, dass sein eigentliches Leid nicht sein jetziges Unglück sei, sondern die fehlende Erkenntnis der Wahrheit: »Du weißt nicht mehr, was du selber bist ... Weil du nicht weißt, was der Endzweck der Dinge ist, hältst du nichtswürdige Schurken für mächtig und glücklich.« Boethius habe sein Herz fälschlich an die Güter dieser Welt gehängt, er habe auf Erfolg und Karriere gesetzt und sein Leben damit in die Hand der Zufallsgöttin »Fortuna« gelegt. Darum dürfe Boethius sich über seinen tiefen Fall nicht beklagen. Als erste therapeutische Maßnahme wird der Christ Boethius von »Dr. Philosophia« dazu aufgefordert, zu Gott zurückzukehren, dem wahren Ursprung aller Dinge und höchstem Ziel des Menschen.

Die Therapie zeigt eine erste Wirkung, Boethius fühlt sich im Blick auf diesen letzten Lebenssinn schon etwas getröstet. Doch dann wird ihm der eigentliche Schmerz seines Unglücks bewusst: »Während die Schlechtigkeit herrscht und blüht, entbehrt die Tugend nicht nur der Belohnung, sondern wird auch von den Frevlern mit den Füßen getreten und büßt an ihrer Stelle Untaten mit dem Tode. Dass dies im Reich des allwissenden und allmächtigen und nur das Gute wollenden Gottes geschieht, darüber kann sich niemand genug wundern und beklagen.« Wie kann es der wahrhaft gute Gott zulassen, dass es in der Welt den Guten schlecht und den Schlechten gut geht? Diese offenkundige Ungerechtigkeit des guten Gottes empfindet Boethius als kränkend.

Die Ärztin »Philosophia« hält jedoch dagegen, dass der Mensch das weise Wirken Gottes in seiner Schöpfung gar nicht begreifen könne. Die Guten blieben auch im Unglück gut, während die Schlechten, mögen sie auch im Leben Erfolg haben, in Wahrheit unglückliche Menschen seien. »Möge es genügen, nur das zu erkennen, dass Gott, der alle Naturen hervorbringt, auch alles auf das Gute hin lenkt und ordnet.« Worin wir Menschen nur ein blindes Schicksal sehen, das ist von Gott aus gesehen gütige Vorsehung.

An dieser Antwort der »Philosophia« entzündet sich ein letzter Einwand des Boethius. Wenn alles von Gottes Vorsehung gelenkt wird, dann ist der Mensch doch unfrei und für seine Taten nicht verantwortlich. Dann hätte sich Boethius sein Leben lang völlig sinnlos um Gerechtigkeit bemüht. Diesem Einwand begegnet die philosophische Ärztin mit einem tiefsinnigen Argument, das die Philosophen und Theologen noch viele Jahrhunderte später beschäftigt hat. Wir Menschen können alles Geschehen nur in der zeitlichen Abfolge von Vergangenheit, Gegenwart und Zukunft denken: Für Gott existieren diese Unterschiede aber nicht, für ihn gibt es nur Gegenwart. Gott erfasst das, was für uns vergangen, gegenwärtig oder zukünftig ist, mit einem Blick, es mag freiwillig oder notwendig geschehen. Darum gibt es auch keine einfache Vorherbestimmung aller Ereignisse durch

Gott. Gottes Wirklichkeit ist nicht an Zeit und Raum gebunden, deshalb bleibt sie dem Menschen verborgen.

Nachdem Boethius alle philosophischen Trostargumente im Dialog hin und her gewendet hat, endet seine Trostschrift mit der Mahnung der »Philosophia«: »Nicht vergeblich beruhen also Hoffnung und Gebet auf Gott. Wenn sie recht sind, können sie nicht unwirksam bleiben. Verachtet also schlechtes Verhalten, pflegt eure Werte und Vorzüge, erhebt den Geist zur rechter Hoffnung, richtet demütige Gebete nach oben.«[1]

Schon immer ist aufgefallen, dass der Christ Boethius im Angesicht des wahrscheinlichen Todes Trost nicht im christlichen Glauben, sondern in der Philosophie gesucht hat. Nirgends spielt die Bibel eine Rolle, wohl aber greift Boethius immer wieder auf Platon zurück. Die Philosophie des Boethius ist aber gleichwohl im Wesentlichen eine religiöse Philosophie, die ohne einen Gott als höchstes Gut und Garanten einer weisen Vorsehung nicht auskommt.

Wir wissen nicht, ob der »Trost der Philosophie« Boethius in seinem tiefen Schmerz wirklich hat trösten können. Im Sommer 524 wurde Boethius zum Tode verurteilt und wahrscheinlich im Herbst desselben Jahres hingerichtet.

Seneca: Trostbrief an Marcia

Eine zentrale Rolle spielt das Thema »Trost« auch beim römischen Philosophen Lucius Annaeus Seneca. Sein Leben weist auffallende Parallelen zum Schicksal des Boethius auf: Auch Seneca war als Politiker tätig, stieg in höchste Ämter auf, war Erzieher und Berater des Kaisers Nero und auch er stürzte tief. Auf Befehl Neros tötete sich Seneca, ein Zeitgenosse des Apostels Paulus, im Jahr 65 n. Chr. selbst.

Vermutlich im Jahr 40 schreibt Seneca die erste und wichtigste seiner Trostschriften »An Marcia zu ihrer Tröstung«. Die mit Seneca befreundete Marcia war von einem doppelten Unglück betroffen worden: Zunächst war ihr Vater aus politischen Gründen in den Tod getrieben worden, wenige Jahre später war ihr einziger Sohn in noch jungen Jahren gestorben. Darauf hatte sich Marcia ganz aus der Öffentlichkeit zurückgezogen und ihrer Trauer hingegeben. Mit seiner Trostschrift versucht Seneca, sie von ihrer Trauer zu heilen.

Denn Trauer, zumindest große Trauer wie bei Marcia, galt bei den Griechen und Römern als eine Krankheit der Seele, die mit den Mitteln der Vernunft kuriert werden musste. Die Kur setzt bei den falschen Vorstellungen an, die die »Trauer-Kranke« über ihre persönliche Situation entwickelt hat. Die wahre Ursache des Leids »besteht in nichts anderem als in der Meinung und in dem Urteil, man habe es mit einem großen bedrückenden Unglück zu tun«, sagt Cicero, wie Seneca Vertreter der Philosophie der Stoa. Der Trost besteht dann nicht im Zuspruch emotionaler Wärme, sondern im Appell an die Vernunft, dem Schicksal souverän entgegenzutreten.

Anteilnahme und Mitleid sucht man darum in Senecas Trostschrift vergebens. Zunächst zeigt er ihr an zwei Beispielen, einem negativen und einem positiven, wie berühmte Frauen der römischen Geschichte mit ihrer Trauer umgegangen sind. Dann ermahnt Seneca Marcia, es mit der Trauer nicht zu übertreiben. Man könne die Zeit der Trauer auch aktiv beenden. Mit dem nächsten Argument erinnert er sie daran, dass alles auf der Welt vergänglich sei, auch das Glück. Darum habe sie nie einen Anspruch darauf gehabt, ihren Sohn ihr Leben lang »zu besitzen«. In der römischen Geschichte gäbe es ganz andere Beispiele von bedeutenden Personen, die ganz früh ihre Angehörigen verloren hätten. Außerdem habe Marcia ja noch zwei Töchter und mehrere Enkel – das sei »mehr als Trost«.

Auch das nächste Argument fehlt in kaum einer der antiken philosophischen Trostschriften: Der Tod ist eine Erlösung von der Mühsal des Lebens. »Er versetzt uns in jene Ruhe zurück, in der wir lagen, ehe wir geboren wurden.« Außerdem sei einem jeden »seine Grenze fest bestimmt«; wer weiß, was dem Sohn durch seinen frühen Tod im Leben erspart geblieben sei. »Du hast also keinen Grund, es dir durch den Gedanken schwer zu machen: er hätte länger leben können.«[2]

Schließlich weist Seneca die trauernde Marcia noch darauf hin, dass ihr Vater und ihr Sohn jetzt »zu den höheren Regionen erhoben« seien und »unter seligen Geistern« wandeln würden: »Benimm dich demnach so, Marcia, als ständest du unter den Augen deines Vaters und deines Sohnes, nicht jener, die du kanntest, sondern die weit erhabener sind und auf größter Höhe stehen; erröte über alles Niedrige und Gemeine und auch darüber, dass du die zu besseren Wesen verwandelten Deinen beweinst.«

Ob die trauernde Marcia sich durch eine solche Schrift hat trösten lassen? Als Ciceros geliebte Tochter Tullia starb, war der Politiker und Philosoph untröstlich. Auch das von ihm sonst beschworene Bild des Weisen, der von keiner Gefühlsregung erschüttert wird und in der Philosophie seinen Halt findet, konnte ihn in diesem Fall nicht trösten. Die stoischen Philosophen erkannten darum durchaus, dass man nach dem Verlust eines Angehörigen Trauer empfinden könne. Es komme aber auf das rechte Maß an: Weinen könne man zwar, aber man dürfe sich von der Trauer auch nicht überwältigen lassen. Im Grunde sei die Trauer um einen verstorbenen Menschen, philosophisch betrachtet, überflüssig und nutzlos: Sie nütze dem betrauerten Toten nicht mehr, das Schicksal sei nun einmal unabänderlich und müsse hingenommen werden; und schließlich sei der Tod kein Übel, sondern das Ende aller menschlichen Not.

Senecas Trost kommt einem heute reichlich herzlos vor, er entspricht aber Grundgedanken der stoischen Philosophie: Weise ist der, der von Gefühlen und Leidenschaften völlig unabhängig ist, dem Krankheit, Unglück und Tod letztlich nichts anhaben können und dessen Seele durch nichts erschüttert wird. Auch wenn diese stoische Troststrategie über die Jahrhunderte hinweg aktuell geblieben ist und durch bekannte Staatsmänner wie Mark Aurel, Friedrich den Großen oder Helmut Schmidt gleichsam »geadelt« worden ist, wird sie doch der Tiefe menschlicher Trostbedürftigkeit nicht gerecht. Der Münsteraner Philosoph Ludwig Siep urteilt: »Selbst die stoischen Ratschläge, alles als unwichtig abzutun, was nicht mit der Erlangung von Erkenntnis und der Erfüllung von selbstkontrollierbaren Wünschen zu tun hat, können heute nicht mehr überzeugen. Sie erscheinen zu ‚rationalistisch', zu unsensibel und unbeteiligt, als eine Flucht eben aus der Komplexität, Fragilität und Sozialität der menschlichen Verfassung.«[3]

Erst unter dem Einfluss des beginnenden Christentums ändert sich das antike Trostverständnis. Schmerz und Klage werden auch aufgrund der biblischen Tradition (Psalmen, Hiob, Jesus) als legitime menschliche Verhaltensweisen anerkannt. Ging es in den philosophischen Trostschriften vor allem darum, den Trauernden mit Ermahnung und Belehrung von seiner ungesunden Trauer zu befreien, so steht die seelsorgerliche Begleitung der Hinterbliebenen in der christlichen Trostliteratur im Vordergrund.

Arthur Schopenhauer

Erst im 19. Jahrhundert spielt das Thema »Trost« in der Philosophie Arthur Schopenhauers (1788 – 1860) wieder eine größere Rolle. Charakteristisch für Schopenhauer ist ein tiefer Pessimismus, er durchzieht sein ganzes Denken. Schopenhauer spricht selbst vom »Melancholischen und Trostlosen« seiner Philosophie. Hatte der Philosoph Leibniz 200 Jahre zuvor erklärt, diese Welt sei die beste aller möglichen Welten, so erklärt sie Schopenhauer zur schlechtesten aller möglichen Welten. In der Wirklichkeit finde sich keine Spur von Vernunft, sondern ein unbewusster, blinder und letztlich zerstörerischer Wille zum Leben. Er ist die Quelle allen Leidens, das die Welt beherrscht. Wie im Hinduismus und Buddhismus ist Leben für Schopenhauer gleichbedeutend mit Leiden. »Jede Lebensgeschichte ist eine Leidensgeschichte«, im Kleinen eine Komödie, aufs Ganze gesehen eine Tragödie. »Denn das Treiben und die Plage des Tages, die rastlose Neckerei des Augenblicks, das Wünschen und Fürchten der Woche, die Unfälle jeder Stunde mittels des stets auf Schabernack bedachten Zufalls sind lauter Komödienszenen. Aber die nie erfüllten Wünsche, das vereitelte Streben, die vom Schicksal unbarmherzig zertretenen Hoffnungen, die unseligen Irrtümer des ganzen Lebens mit den steigenden Leiden und Tode am Schlusse geben immer ein Trauerspiel.«[4]

Das Leben ist »jammervoll und keineswegs wünschenswert«. Menschen brauchen darum Trost, das sieht Schopenhauer sehr genau – auch angesichts der Gewissheit des Todes. Dafür zuständig sind Religion und Philosophie, die aber die Trostbedürftigkeit des Menschen nur in unzureichender Weise befriedigen. Einzig in den alten indischen Religionen, die Schopenhauer für sich entdeckt hatte, fand er einen Trost, der ihn befähigte, »ruhigen Blickes dem Tod ins Angesicht zu sehen«. Vor allem die Upanishaden, heilige Texte des altindischen Hinduismus, hielt Schopenhauer für die belohnendste und erhebendste Lektüre, die in der Welt möglich ist. Sie ist der Trost meines Lebens gewesen und wird der meines Sterbens sein.«[5]

In seinem Roman »Buddenbrooks« beschreibt Thomas Mann, wie der vom Leben enttäuschte Senator Thomas Buddenbrook kurz vor seinem Tod in einem philosophischen Buch, das »halb gesucht, halb zufällig in seine Hände geraten war«, Trost findet: »Der Tod war ein Glück, so tief, dass es nur in begnadeten Augenblicken ... ganz zu ermessen war. Er war die Rückkunft von einem unsäglich peinlichen Irrgang, die Korrektur eines schweren Fehlers, die Befreiung von den widrigsten Banden und Schranken – einen beklagenswerten Unglücksfall machte er wieder gut.«[6] Die Passage spiegelt die außerordentliche Wirkung, die Schopenhauers Philosophie in der zweiten Hälfte des 19. Jahrhunderts auf bürgerliche Schichten ausgeübt hat. Schopenhauer wurde zum Modephilosophen der gehobenen Gesellschaft, seine Philosophie wurde zum Religionsersatz. Mit seinem Pessimismus traf er das Lebensgefühl jener Zeit und sprach dabei vor allem Gebildete an, besonders Künstler und Schriftsteller (R. Wagner, Fr. Nietzsche, W. Raabe, W. Busch u.a.), die sich innerlich vom Christentum gelöst hatten und eine umfassende nicht-religiöse Weltdeutung suchten. Unverkennbar hat Schopenhauers Pessimismus dabei einen fatalistischen Grundton, der auch seine Rede vom Trost durchzieht. Denn es gilt »von den inneren Zuständen wie von den äußeren, dass es nämlich für uns keinen wirksameren Trost gibt als die volle Gewissheit der unabänderlichen Notwendigkeit«.[7] Das Unvermeidliche und Schicksalhafte ist heroisch zu tragen. Aber ist das ein Trost?

Schopenhauer kennt aber auch einen Weg der Erlösung aus dem verhängnisvollen Kreislauf von Begehren und Leiden. Im reinen Kunstgenuss und vor allem im Hören vollkommener Musik »sind wir gleichsam in eine andere Welt getreten, wo alles, was unseren Willen bewegt und dadurch uns so heftig erschüttert, nicht mehr ist ... Glück und Unglück sind verschwunden«.[8]

Die Ruhe und der Trost, den Kunst und Musik vermitteln, sind aber nur vorübergehend. Wirkliche Erlösung bringt erst »Die Verneinung des Willens zum Lebens selbst« durch Askese, durch Entsagung und vollständigen Verzicht auf alles, woran das Herz hängt. Erst dann kann man zu dem inneren Frieden gelangen, in dem der Wille völlig ausgelöscht ist. Schopenhauer nannte diesen Zustand die »Meeresstille des Gemüts«.

Hans Blumenberg

Im Nachlass des 1996 verstorbenen Münsteraner Philosophen Hans Blumenberg fand sich ein Text über »Trostbedürfnis und Untröstlichkeit des Menschen«, der 2006 postum als eigener Abschnitt in dem umfangreichen Band »Beschreibung des Menschen« veröffentlicht wurde. Zur Beschreibung des Menschen gehört für Blumenberg konstitutiv auch das Thema Trost. Es ist »eine Kategorie, deren Eigentümlichkeiten aufs engste mit den Merkmalen der Spezies Mensch zusammenhängen«.[9] Weil »die Ursache der Trostbedürftigkeit mit höchst natürlichen Vorgängen und Faktoren des menschlichen Lebens verbunden sind«, hält Blumenberg gegen die marxistische Trostkritik daran fest, dass »keine Veränderung sogenannter gesellschaftlicher Verhältnisse das Institut des Trostes überflüssig machen« kann[10].

Blumenberg versteht Trost als »eine Form der Distanzierung von der Wirklichkeit«[11]. Da es Zeit braucht, einen Schmerz oder ein erlittenes Leid zu verarbeiten und »wir nicht sofort vergessen können und dürfen«, brauchen wir in der Zwischenzeit »bis zur endgültigen Wohltätigkeit des Vergessenhabens« Trost, um trotz des unabänderlichen Verlustes weiterleben zu können. »Trost gehört zu dem, was Weiterleben nach einem Punkt, der es unmöglich zu machen schien, dennoch möglich macht. Der Mensch ist das Wesen, welches ›trotzdem‹ zu leben vermag.«[12] Der Trost, den wir empfangen, verhindert wohltuend, dass wir den Realitäten ungeschminkt in Auge sehen müssen. Der Trost verändert aber die Realität nicht, er hebt Leid, Schmerz und Tod nicht auf. Der Tod bleibt unausweichlich und die Spuren unseres Lebens werden irgendwann völlig ausgelöscht sein. Als ein »zum Realismus genötigtes Wesen« ist der Mensch zwar trostbedürftig, reell jedoch »untröstlich«[13]. »Niemand lässt sich darüber trösten, dass er sterben muss. Alle Argumente sind schlecht bis lächerlich, die dafür Trost- und Tröstungsfähigkeit unterstellen.«[14]

Blumenberg nennt in diesem Zusammenhang noch einen weiteren Grund für unsere Trostbedürftigkeit: »Weshalb sind wir trostbedürftig? Weil wir keinen Grund haben, dabei zu sein.«[15] Philosophisch ist nicht zu begründen, dass ein Mensch notwendig existiert und nicht nur zufällig auf der Welt ist. »Der Mensch leidet darunter, nicht so Natur zu sein wie andere Natur, nicht so unmittelbar und unbegründet da sein zu können, wie anderes da ist.«[16] Er kann nicht mal sicher sein, ob er wirklich gewollt war. Ein Mensch wird geboren, ohne danach gefragt worden zu sein. Allein durch ihre spätere »Sorgepflicht« können Menschen ihre Nachkommen »mit dem unbefragten Herübergezogensein ins Dasein … versöhnen«.[17]

Auch wenn es angesichts der Kontingenz menschlichen Lebens und der Unausweichlichkeit des Todes keinen philosophischen Trost gibt, heißt das aber nicht, dass es überhaupt keinen Trost gibt. Trösten ist für Blumenberg keine Angelegenheit der Philosophie, sondern »vorzugsweise und vielleicht ausschließlich rhetorischer Natur«.[18]

Der trostbedürftige Mensch ist auf tröstende Worte angewiesen. In diesem Zusammenhang kann Blumenberg auch Formen der Seelsorge positiv würdigen. Sie steht jedoch unter einem Vorbehalt: Trost ist eine hilfreiche und notwendige Illusion, um nach einem Verlust weiterleben zu können. Rhetorik »hat auch immer ihre Bedeutung gehabt für die Formen der Seelsorge und der Herbeiführung gehobener Gestimmtheit und Lebensfreude des Menschen, gewiss oft unter Verschleierung der wahren, aber als wahr erkannten, doch noch nicht behebbaren Gründe für das menschliche Elend«.[19]

Persönlich scheint Blumenberg jedoch noch eine andere Form von Trost gekannt zu haben. In seinem Buch »Matthäuspassion« finden sich Hinweise darauf, dass der Bachliebhaber Blumenberg die Möglichkeit des Trostes durch Bachs Passionsmusik vom Leiden und vom Tod Jesu durchaus kannte: Der in der Musik »zum Weinen Entlassene zweifelt an diesem Tode nicht. Mehr braucht es nicht, um angesichts des seinen getröstet zu sein.«[20]

Die Philosophie hat nach Blumenberg keinen Trost anzubieten, weil sie selbst keinen verlässlichen Trostgrund kennt. »Der Sinn der Welt muss außerhalb ihrer liegen«, sagt der Philosoph Ludwig Wittgenstein. Die Philosophie erkennt die Trostbedürftigkeit des Menschen an, aber sie kann nicht selbst trösten – auch weil Denken allein kaum trösten kann.

# 12. »Lasst euch nicht vertrösten« – Trost und Religionskritik

»Frommer Trost ist gut, doch besser ist eigener Mut.« Wie das Sprichwort zeigt, gab es schon immer Kritik an falschem, formelhaftem oder frommem Trost. Aber erst mit der Religionskritik des 19. und 20. Jahrhunderts gerieten das Wort »Trost« und insbesondere die Trostpraxis der Kirche in Verruf.

Ludwig Feuerbach

Ludwig Feuerbach (1804 – 1872) gibt als Vater des modernen Atheismus. In seinem 1841 veröffentlichten Hauptwerk »Das Wesen des Christentums« vertritt Feuerbach die These, Gott sei eine bloße Projektion des Menschen, ein Wunschbild seiner eigenen Hoffnungen und Sehnsüchte. Weil der Mensch an seiner Unvollkommenheit leidet, erfindet er ein vollkommenes und allmächtiges Wesen. Damit kehrt Feuerbach den Satz aus der biblischen Schöpfungsgeschichte um und erklärt: »Der Mensch schuf Gott nach seinem Bilde.«

So ist alle Religion nur eine Einbildung des Menschen, geboren aus seinen Wünschen nach Glück und Unsterblichkeit. »Die Grunddogmen des Christentums sind erfüllte Herzenswünsche.« Dieses Wunschdenken des Menschen wendet sich vor allem gegen die Unausweichlichkeit des Todes – damit wird das Grab nach Feuerbach zur »Geburtsstätte der Götter«.

Die Religion entzweit den Menschen innerlich, sie macht ihn schwach und klein, weil er seine Energien an ein illusionäres Wunschbild verschleudert, statt sein Schicksal selbst in die Hand zu nehmen. Nur durch den Atheismus kann der Mensch nach Feuerbach zu sich selbst finden: »Ich wünsche, Sie aus Gottesfreunden zu Menschenfreunden, aus Betern zu Arbeitern, aus Candidaten des Jenseits zu

Studenten des Diesseits, aus Christen zu Menschen, zu ganzen Menschen zu machen.«[1]

Karl Marx

Karl Marx (1818 – 1883) knüpfte an Feuerbachs Religionskritik an, warf aber Feuerbach wie allen anderen Philosophen vor, sie hätten »die Welt nur verschieden interpretiert, es kommt aber darauf an, sie zu verändern«.[2] Marx erklärt den Menschen zu einem durch und durch gesellschaftlichen Wesen. Aber die Welt, in der der Mensch lebt, ist verkehrt – und eben diese verkehrte Welt wird durch die Religion moralisch und erbaulich gerechtfertigt: Die Religion ist der allgemeine »Trost- und Rechtfertigungsgrund« der verkehrten Welt. Sie vertröstet die Menschen, anstatt der Trostlosigkeit der Welt auf den Grund zu gehen und die elenden Verhältnisse zu verändern. »Das religiöse Elend ist in einem der Ausdruck des wirklichen Elends und in einem die Protestation gegen das wirkliche Elend. Die Religion ist der Seufzer der bedrängten Kreatur, das Gemüt einer herzlosen Welt, wie sie der Geist geistloser Zustände ist. Sie ist das Opium des Volkes.«[3] Marx spricht hier nicht vom Opium »für« das Volk (so aber Lenin), sondern vom Opium des Volkes, zu dem die Menschen in ihrem Elend greifen, um das Leben ertragen zu können. Religion ist hier ein zwiespältiges Phänomen: Einerseits verschafft sie Erleichterung angesichts trostloser Zustände, andererseits vertröstet sie, indem sie die wahren Zustände verschleiert und die Menschen daran hindert, die Wurzeln ihres Elends zu bekämpfen.

»Die Aufhebung der Religion als des illusorischen Glücks des Volkes ist die Forderung seines wirklichen Glücks. Die Forderung, die Illusionen über einen Zustand aufzugeben, ist die Forderung, einen Zustand aufzugeben, der der Illusion bedarf. Die Kritik der Religion ist also im Keim die Kritik des Jammertales, dessen Heiligenschein die Religion ist.«[4]

Die Kritik der Religion besteht für Marx in erster Linie darin, das gesellschaftliche Elend zu analysieren und abzuschaffen. Wenn die trostlosen Verhältnisse beseitigt sind, brauchen Menschen auch keine religiösen Tröstungen mehr. Die Religion wird sich nach Marx dann von selbst auflösen. »Die Kritik hat die imaginären Blumen an der Kette zerpflückt, nicht damit der Mensch die phantasielose, trostlose Kette trage, sondern damit er die Kette abwerfe und die lebendige Blume breche.«[5]

Heinrich Heine

Heinrich Heines (1797 – 1856) bekanntestes Werk »Deutschland. Ein Wintermärchen« ist eine satirische Schilderung einer Postkutschenreise, die Heine 1843 von Paris nach Hamburg führte. Das »humoristische Reise-Epos« schildert in 27 Kapiteln die reaktionäre deutsche Wirklichkeit jener Zeit: preußisches Militär, patriotischen Nationalismus, religiöse Reaktion. Ganz am Anfang entwirft Heine ein kurzes sozialrevolutionäres Programm in poetischer Form, das dem »alten Entsagungslied« christlicher Vertröstung entgegengestellt wird:

> Ein neues Lied, ein besseres Lied
> O Freunde, will ich Euch dichten!
> Wir wollen hier auf Erden schon
> Das Himmelreich errichten.
>
> Wir wollen auf Erden glücklich seyn,
> Und wollen nicht mehr darben;
> Verschlemmen soll nicht der faule Bauch
> Was fleißige Hände erwarben.

> Es wächst hinnieden Brot genug
> Für alle Menschenkinder,
> Auch Rosen und Myrthen, Schönheit und Lust,
> Und Zuckererbsen nicht minder.
>
> Ja, Zuckererbsen für Jedermann,
> Sobald die Schoten platzen!
> Den Himmel überlassen wir
> Den Engeln und den Spatzen.
>
> HEINRICH HEINE

Das alte Lied lullt nur ein wie ein »Eiapopeia«, mit dem erwachsene Menschen wie unmündige Kinder eingeschläfert und ruhiggestellt werden sollen. Das neue, das bessere Lied verspricht das »Himmelreich« hier »auf Erden«, ein Leben ohne Ausbeutung und materielle Not, mit »Rosen und Myrthen, Schönheit und Lust«. Als Adressaten dieser Utopie begrüßt Heine im Schlusskapitel »ein neues Geschlecht, ganz ohne Schminke und Sünden, mit freien Gedanken, mit freier Lust – dem werde ich Alles verkünden«.

Ohne ein Wort von seinen früheren religionskritischen Äußerungen zurückzunehmen, bekennt Heine sieben Jahre später (1851) im Nachwort zu seiner Gedichtsammlung »Romanzero« seine Rückkehr zum Glauben an einen persönlichen Gott. »Ja, ich bin zurückgekehrt zu Gott, wie der verlorene Sohn, nachdem ich lange Zeit bei den Hegelianern die Schweine gehütet.« Doch seine Heimkehr sei »frei geblieben von jeder Kirchlichkeit; kein Glockenklang hat mich verlockt, keine Altarkerze hat mich geblendet«.[6] Heines Revision ist nicht, wie oft vermutet wurde, das Ergebnis seiner schweren Erkrankung. Sie beruht aber auch nicht auf einem Bekehrungserlebnis, sondern auf der Lektüre der Bibel, die Heine neu für sich entdeckte. »Mit Fug nennt man diese die Heilige Schrift; wer seinen Gott verloren hat, der kann ihn in diesem Buch wiederfinden, und wer ihn nie gekannt, dem weht hier entgegen der Odem des göttlichen Wortes.«[7]

Heine bleibt auch jetzt Skeptiker, gibt seine Ironie nicht auf, verbittet sich in religiösen Fragen jeden vorschnellen Trost, weiß aber jetzt von einem Gott, gegen den er wie Hiob Klage erheben kann: »Gottlob, dass ich jetzt wieder einen Gott habe, da kann ich mir doch im Übermaß des Schmerzes einige fluchende Gotteslästerungen erlauben; dem Atheisten ist eine solche Labung nicht vergönnt.«[8]

Friedrich Nietzsche

Der Pastorensohn Friedrich Nietzsche (1844 – 1900) zählt zu den unerbittlichsten Religionskritikern der Neuzeit. Weder die Welt als ganze noch die Geschichte der Menschheit haben für ihn irgendeinen Sinn, irgendein Ziel. Nietzsche geht aus vom allgemeinen Zerfall aller moralischen Werte – er nennt das »Nihilismus«. Ausdruck ist die berühmte Formel »Gott ist tot«. Dahinter steht keine philosophische Widerlegung des Gottesglaubens, sondern Nietzsche bezeichnet damit eine im allgemeinen Leben zu beobachtende Tatsache. »Gott ist tot«, weil wir nicht mehr an ihn glauben und Gott überall aus dem Leben und aus dieser Welt verdrängt worden ist.

Nietzsches Parabel vom tollen Menschen erzählt: »Habt ihr nicht von jenem tollen Menschen gehört, der am hellen Vormittage eine Laterne anzündete, auf den Markt lief und unaufhörlich schrie: ›Ich suche Gott! Ich suche Gott!‹ – Da dort gerade viele von denen zusammen standen, welche nicht an Gott glaubten, so erregte er ein großes Gelächter. Ist er denn verloren gegangen? sagte der eine. Hat er sich verlaufen wie ein Kind? sagte der andere. Oder hält er sich versteckt? Fürchtet er sich vor uns? Ist er zu Schiff gegangen? Ausgewandert? – so schrien und lachten sie durcheinander.«

Der »tolle Mensch«, der nach Gott sucht, weckt bei den Herumstehenden nur noch Gelächter und Spott. Sie leben so, als wäre nichts geschehen, und ahnen nicht einmal, dass sie es sind, die durch ihre Art zu leben Gott getötet haben, und nun die Konsequenzen aus dem

Tod Gottes übernehmen müssen. In der Parabel heißt es: »Gott ist tot! Gott bleibt tot! Und wir haben ihn getötet! Wie trösten wir uns, die Mörder aller Mörder? Das Heiligste und Mächtigste, was die Welt bisher besaß, es ist unter unseren Messern verblutet, wer wischt dies Blut von uns ab? Mit welchem Wasser könnten wir uns reinigen? Welche Sühnefeiern, welche heiligen Spiele werden wir erfinden müssen? Ist nicht die Größe dieser Tat zu groß für uns? Müssen wir nicht selber zu Göttern werden, um nur ihrer würdig zu erscheinen?«[9]

»Wie trösten wir uns?«, fragt der tolle Mensch. Wie kann der Mensch all das übernehmen, wofür bisher Gott stand? Wenn Gott tot ist, dann gibt es keine letzte Wahrheit, dann fallen auch alle moralischen Werte und humanistischen Ideale, ja, jede Unterscheidung zwischen Gut und Böse dahin.

Der Tod Gottes ist die Voraussetzung einer radikal-neuen Freiheit. Gott ist für Nietzsche eine Erfindung der Schwachen und Zu-kurz-Gekommenen und das Christentum eine »Verschwörung gegen das Leben«. Das Gebot der Nächstenliebe wird von ihm ersetzt durch eine Ethik der Härte: Gut ist, was stark macht. Damit propagiert Nietzsche die »Umwertung aller Werte«, eine neue Moral, geprägt von der Bejahung des Lebens und dem »Willen zur Macht«. Er lehrt einen »Übermenschen«, der ohne Gott auskommt, alle Schwäche und Sentimentalität ablegt und ohne hemmende Rücksichten »jenseits von Gut und Böse« ein befreites und autonom-diesseitiges Leben führt: »Ich beschwöre euch, meine Brüder, bleibt der Erde treu und glaubt denen nicht, welche euch von überirdischen Hoffnungen reden! Giftmischer sind es, ob sie es wissen oder nicht. Verächter des Lebens sind es.«[10]

Der neue Mensch braucht keinen Trost mehr. Ihn zeichnet die »Liebe zum Schicksal« (amor fati) aus. Er sagt ja zu dem, was ist und wie es ist, akzeptiert sein Schicksal, versteht das Leben als Spiel, ohne nach einem Sinn zu fragen oder ihn zu vermissen. Wenn man bei Nietzsche überhaupt von Trost sprechen will, dann kennt er nur einen diesseitigen Trost – das Lachen, die ironische Distanzierung vom eigenen Leid, den Zynismus. »Ihr solltet vorerst die Kunst des diesseitigen Trostes lernen. Ihr solltet lachen lernen, meine jungen Freunde, wenn anders ihr durchaus Pessimisten bleiben wollt; vielleicht dass ihr daraufhin, als Lachende, irgendwann einmal alle metaphysische Trösterei zum Teufel schickt und die Metaphysik voran!«[11]

Sigmund Freud

Sigmund Freud (1856 – 1939) verstand sich selbst als Aufklärer, der es sich zum Ziel gesetzt hatte, Rätsel zu lösen, die Wahrheit aufzudecken und Illusionen zu zerstören. Zugleich bezeichnete er sich selbst als einen Feind der Religion »in jeder Form und Verdünnung«. Religion war für Freud Illusion, die Wiederholung des kindlichen Wunsches nach dem allmächtigen Vater. So wie sich der Mensch als Kind unter den väterlichen Schutz gestellt hat, so sucht er nun in Gott einen schützenden Übervater. »Geboren aus dem Bedürfnis, die menschliche Hilflosigkeit erträglich zu machen, erbaut aus dem Material der Erinnerungen an die Hilflosigkeit der eigenen und der Kindheit des Menschengeschlechts«, hat sich der Mensch einen ganzen Schatz religiöser Vorstellungen geschaffen. Er flieht in die Religion, weil »das Leben, wie es uns auferlegt ist, ... zu schwer für uns (ist), es bringt uns zuviel Schmerzen, Enttäuschungen, unlösbare Aufgaben«.[12]

In einem Brief an Sandor Ferenci vom 1. Januar 1920 teilt Freud dem Freund eine nächtliche Erleuchtung über den Ursprung der Religion mit: »Der letzte Grund der Religion ist die infantile Hilflosigkeit des Menschen.« Aus dieser Hilflosigkeit heraus sehnt er sich nach dem allmächtig schützenden Vater. Diese Sehnsucht aber ist nach Freud nicht realistisch, sondern nur ein Wunsch, und insofern ist sie Illusion, die vorweggenommene Erfüllung der »ältesten, stärksten, dringendsten Wünsche der Menschheit«.[13]

Religion entsteht bei Freud dezidiert aus der Trostbedürftigkeit des Menschen, doch der religiöse Trost ist nur eine Flucht vor der Realität. Zwar soll das Leben, wie Freud sagt, nur mit genügend »Linderungsmittel« zu ertragen sein; religiöse Tröstungen hält er dafür aber für ungeeignet, da sie mit einem dauerhaften Realitätsverlust verbunden seien. Der Trost der Religion wirke wie ein »Narkotikum«, ein »süße(s) – oder bittersüße(s) Gift«, das den Menschen betäube und verhindere, dass er erwachsen werde und sich der Realität stelle.

Kann der Mensch ohne Trost leben? Freud antwortet darauf in der Schrift »Die Zukunft einer Illusion« im Gespräch mit einem fiktiven Gegner: »Ich widerspreche Ihnen also, wenn sie weiter folgern, dass der Mensch überhaupt den Trost der religiösen Illusion nicht entbehren kann, dass er ohne sie die Schwere des Lebens, die grausame Wirklichkeit, nicht ertragen würde.« Eine Erziehung zur Realität ist möglich, man kann einen Menschen von der Religion heilen wie von einer Neurose. Mit Hilfe der Wissenschaft wird der Mensch lernen, der Realität standzuhalten und die Härte des Lebens ohne Flucht in Illusionen zu ertragen. »Gewiss wird der Mensch sich dann in einer schwierigen Situation befinden, er wird sich seine ganze Hilflosigkeit, seine Geringfügigkeit im Getriebe der Welt eingestehen müssen, nicht mehr der Mittelpunkt der Schöpfung, nicht mehr das Objekt zärtlicher Fürsorge einer gütigen Vorsehung. Er wird in derselben Lage sein wie das Kind, welches das Vaterhaus verlassen hat, in dem es ihm so warm und behaglich war ... Er muss endlich hinaus ins ›feindliche Leben‹.«[14]

Bertolt Brecht (1898 – 1956)

»Bertolt Brechts Hauspostille mit Anleitungen, Gesangsnoten und einem Anhange«, 1927 in Berlin erschienen, ist ein satirischer Gedichtzyklus im Gewand christlicher Erbauungsliteratur. Die einzelnen Lektionen tragen traditionell-christliche Titel, aber der Inhalt der Lektionen ist antichristlich. »Es handelt sich um eine umfunktionierte Theologie.« (K. Völker) Das Schlusskapitel besteht nur aus einem Gedicht »Gegen Verführung«, von dem Brecht in einer Gebrauchsanweisung für die Hauspostille schreibt: »Überhaupt empfiehlt es sich, jede Lektüre in der Hauspostille mit dem Schlusskapitel zu beschließen.«

GEGEN VERFÜHRUNG

1
Laßt euch nicht verführen!
Es gibt keine Wiederkehr,
Der Tag steht in den Türen;
Ihr könnt schon Nachtwind spüren:
Es kommt kein Morgen mehr.

2
Laßt euch nicht betrügen!
Das Leben wenig ist.
Schlürft es in schnellen Zügen!
Es wird euch nicht genügen
Wenn Ihr es lassen müßt!

3
Laßt euch nicht vertrösten!
Ihr habt nicht zu viel Zeit!
Laßt Moder den Erlösten!
Das Leben ist am größten:
Es steht nicht mehr bereit.

4
Laßt euch nicht verführen
Zu Fron und Ausgezehr!
Was kann die Angst noch rühren!
Ihr sterbt mit allen Tieren
Und es kommt nichts nachher.

BERTOLT BRECHT

In einfacher, bildhafter und suggestiver Sprache variieren die vier Strophen immer wieder dieselbe Grundaussage: Trost ist Vertröstung und Vertröstung ist Betrug. Denn nach dem Tod »kommt nichts«, »es gibt keine Wiederkehr … es kommt kein Morgen mehr«. Alles was Tröstendes vom Jenseits und von Gott gesagt wird, ist Betrug und Irrtum.

In Brechts Texten geht es weniger um die Frage, ob es einen Gott gibt, als um die Funktion von Religion und Gottesbildern für die Gesellschaft. Der antichristliche Zyniker Brecht war überzeugt, dass Gott und Glaube nicht »helfen« können, sondern dazu beitragen, ein falsches Bewusstsein zu zementieren und »Fron und Ausgezehr« des Menschen zu rechtfertigen. Darum ruft er dazu auf, sich auf dieses Leben zu konzentrieren und es zu genießen. Denn die Lebenszeit ist begrenzt. »Das Leben wenig ist«, darum: »Schlürft es in schnellen Zügen!«, rät Brecht.

Beim Prediger Salomo, den Brecht besonders schätzte und auf den er in seinem Gedicht an einigen Stellen zurückgegriffen hat, klingt es ähnlich, aber an entscheidender Stelle dann doch anders: »So habe ich nun das gesehen, dass es gut und fein sei, wenn man isst und trinkt und guten Mutes ist bei allem Mühen, das einer sich macht unter der Sonne in der kurzen Zeit seines Lebens, die ihm Gott gibt; denn das ist sein Teil.« (Prediger 5,17)

Religionskritische Positionen können für den christlichen Glauben eine selbstkritische Funktion haben. Sie weisen fast immer auf religiöse Fehlentwicklungen hin. Sie sind aber kein Beleg dafür, dass rationales und religiöses Denken und Verhalten sich gegenseitig ausschließen und religiöser Trost letztlich unrealistisch und illusorisch ist.

Stand religiöser Trost spätestens seit der Popularisierung der Religionskritik seit den 1960er-Jahren faktisch unter Ideologieverdacht, so hat seitdem eine sachlichere Diskussion zu einem unbefangeneren Blick auf das Thema Trost beigetragen:

Religion kann Mittel der sozialen Vertröstung sei, sehr viel öfter war sie aber Grund und Motivation für soziale und politische Befreiung. Die geschichtliche Entwicklung hat die Religionskritik eher widerlegt. Empirische Belege für eine Opium-Funktion des religiösen Trostes gibt es kaum, wohl aber viele Indizien dafür, dass religiöse Überzeugungen den Lebenswillen eher stärken und zur Übernahme von sozialer Verantwortung motivieren können.

Der Philosoph Hermann Lübbe hat den Religionskritikern und hier besonders S. Freud »Wirklichkeitsfremdheit«[15] bescheinigt. Es fällt in der Tat auf, dass immer ganz allgemein und sehr undifferenziert über religiöse und kirchliche Praxis geurteilt wird und wenig Kenntnis von realen Lebensgeschichten vorhanden ist. »Was offiziell über und in einer Zeit gedacht wird, entspricht nicht einfach dem gelebten Leben und deckt sich keineswegs mit ihm«, stellt der Arzt und Psychiater Hans Heimann fest.[16]

Vor allem wird die unaufhebbare Kontingenz menschlichen Lebens in der Religionskritik nicht wirklich ernst genommen. Lebenskrisen lassen sich allein rational nicht bewältigen. Die Unverfügbarkeiten des Lebens sind nicht beherrschbar, sie sind auch durch gesellschaftliche oder wissenschaftliche Fortschritte nicht aus der Welt zu schaffen. Menschen bleiben trostbedürftig! »Die Religion stirbt modern nicht ab, sondern im Gegenteil: je aufgeklärter die moderne Welt wird, desto unvermeidbarer wird die Religion«, urteilt der Philosoph Odo Marquard.[17]

Nach einem kurzen, aber informativen Resümee über die philosophischen Bemühungen, Trost zu spenden, zieht der Münsteraner Philosoph Ludwig Siep ein abwägend-kluges Fazit: »Es kann sein, dass wir die Religionen für einen Trost brauchen, den die Philosophie nicht mehr spenden kann. Dass wir etwas brauchen, ist allerdings kein Grund für die Wahrheit oder Realität des Gebrauchten. Andererseits ist die Sorge vor einem Wunschdenken kein Grund für selbstgewissen Atheismus. Ob ein allmächtiger Tröster existiert, muss die Philosophie offen lassen. Fähig erscheint sie mir aber zur Ermutigung, auch ohne letzten Trost an der Bekämpfung von Leid, Elend und Ungerechtigkeit mitzuwirken.«[18]

Sich nicht trösten lassen 13.

Als Gemeindepfarrer besuchte ich einen Mann im Krankenhaus, der über den Verlust seiner Heimat nicht hinwegkam. Er war in Ostpreußen geboren und aufgewachsen und hatte dort seine Jugend verbracht. Schon bei meinem ersten Besuch erzählte er mir nach kurzer Zeit von seiner Heimat. Sein Dorf, die Landschaft, die Wälder, die Seen, die Weite des Himmels – all das konnte er nicht vergessen. Nach Krieg und Gefangenschaft war er in den Westen gekommen, hatte geheiratet, eine Familie gegründet, ein Haus gebaut, aber seine Heimat blieb Ostpreußen. Wenn er davon erzählte, spürte man eine verborgene tiefe Trauer. Einige Monate nach meinem ersten Besuch starb er. Beim Trauergespräch sagte mir seine Frau: »Er ist hier nie wirklich heimisch geworden. Öfter habe ich ihm vorgeschlagen, doch jetzt mal nach Ostpreußen zu fahren. Aber das wollte er auf keinen Fall.« Als ich einige Zeit nach seiner Beerdigung an seinem Grab vorbeikam, stand auf dem Grabstein unter seinem Namen: »Ostpreußen«.

Ab und zu telefoniere ich mit einer alten Freundin, die vor 20 Jahren ihr einziges Kind, ihre Tochter, verloren hat. Diese hatte als junge Lehrerin gerade ihre erste Stelle angetreten und starb während der Fahrt in den Urlaub bei einem tragischen Verkehrsunfall. Das ist jetzt 20 Jahre her, aber immer noch vergeht kein Tag, an dem sie nicht an ihre Tochter denkt. Der tragische Tod hat ihr das Herz gebrochen. Bei jedem Gespräch, das wir führen, ist die tote Tochter im Hintergrund dabei. Ihr unerwarteter Tod ist ein Schmerz, für den es bis heute keinen Trost gibt.

Es gibt einen Schmerz, vor dem der Tröstende scheitert. Es gibt die Erfahrung, dass das Elend so groß ist, dass jeder Trostversuch misslingen muss. »Untröstlich« – das kann lange dauern. Trost muss man auch zulassen. Man muss sich dafür auch öffnen. Der eine kann es früher, die andere braucht sehr viel länger. Meist ist es der Tod eines Kindes oder eines Lebenspartners, über den man einfach nicht hinwegkommt. Das sind Wunden, die sich lange Zeit nicht schließen wollen.

»Es wäre schön, wenn man jetzt an einen Gott glauben könnte. Aber ich kann es nicht«, sagte der bekannte Schauspieler Joachim Fuchsberger, als sein Sohn im Alter von 53 Jahren bei einem tragischen Unfall ums Leben kam. Fuchsberger hatte nach eigenem Bekunden den Glauben an einen gütigen Gott verloren, als er als junger Soldat im Zweiten Weltkrieg Hunderte von Leichen nach einem Bombenangriff ausgraben musste. »Ich beneide alle Menschen, die ihren Trost in einem starken Glauben finden«, bekannte er in einem Interview. »Ich habe in unserer Todesanzeige geschrieben: ›Völlig sinnlos hat der Tod das Licht unseres Alters gelöscht.‹ Viele Kleriker haben sich bei mir gemeldet und gesagt: Es war nicht sinnlos. Alles hat einen Sinn! Aber das kann ich nicht nachvollziehen. Worin soll der liegen? Nein, ich kann nur versuchen, auf andere Weise zu lernen, die Situation zu akzeptieren.«

Joachim Fuchsberger hat Recht, wenn er sich dagegen wehrt, dass dem Tod seines Sohnes ein Sinn unterlegt wird, den er selbst nicht erkennen kann. Er hat auch Recht, wenn er auf seiner Trauer besteht, in der er die Verbindung zu seinem Sohn festhält. In Klage und Verzweiflung liegt manchmal mehr Wahrheit als in der Beschwörung von Sinn und Zuversicht.

Auch beim Dichter Friedrich Rückert war es der Tod der eigenen Kinder, über den er sich nicht trösten lassen wollte. Im Dezember 1833 erkrankten alle sechs Kinder des Dichters an Scharlach. Während sich vier von ihnen wieder erholten, starben die »zwei kleinsten, die zwei Feinsten« an der Infektionskrankheit. Die kleine Luise, die einzige Tochter, starb an Silvester im Alter von drei Jahren, der fünfjährige Ernst zwei Wochen später. Der Schmerz über ihren Tod brachte Rückert an den Rand des Zusammenbruchs:

> Sie haben das Herz aus der Brust mir genommen
> Und habens gelegt in ein Grab.
> Das Leben, es ist mir abhandengekommen,
> Es ist mir gegangen hinab.

In mehr als 400 Gedichten sucht Rückert den Tod der beiden Kinder schreibend zu bewältigen. Von Januar bis in den Sommer des Jahres 1834 schrieb er immer wieder Gedichte über seine Kinder, über ihre Lebendigkeit, über ihren Verlust, über seine Trauer – manchmal drei oder vier am Tag. Die Gedichte waren nicht zur Veröffentlichung bestimmt, nach ihrer Fertigstellung versteckte der Dichter sie in der Schublade seines Schreibtisches. Er schrieb sie in erster Linie für sich und seine Frau – und für seine beiden toten Kinder, die er immer wieder persönlich anredete:

> Ich habe dich lieber, viel lieber gehabt,
> Als ich dir's mochte zeigen;
> Zu selten mit Liebeszeichen begabt
> Hat dich mein ernstes Schweigen.

Unbegreiflich bleibt ihm der Tod der beiden Kinder. Dass sie nicht mehr da sind, nie mehr nach Hause kommen, kann er nicht wirklich akzeptieren:

> Oft denk ich, sie sind nur ausgegangen.
> Bald werden sie wieder nach Haus gelangen.

Rückert bleibt untröstlich, darum verwahrt er sich gegen gut gemeinte, aber letztlich gedankenlose Ratschläge von Mitmenschen:

> Über alle Gräber wächst zuletzt das Gras.
> Alle Wunden heilt die Zeit, ein Trost ist das,
> Wohl der schlechteste, den man dir kann erteilen.
> Armes Herz, du willst nicht, dass die Wunden heilen.

Verletzt registriert Rückert, dass das Leben um ihn herum weitergeht und seinen tiefen Schmerz um den Verlust der Kinder ignoriert:

> Jeder hat in dem eigenen Herzen
> Eine Kammer für seine Schmerzen.
> Aber im Weltgesellschaftshaus
> Tauscht man nur Unterhaltung aus.

Man hat Friedrich Rückerts »Kindertotenlieder«[1] als »größte Totenklage der Weltliteratur« (Hans Wollschläger) bezeichnet. Fast alle Aspekte eines persönlichen Trauerprozesses kommen in diesen Gedichten zur Sprache: der tiefe Schmerz von Eltern über den Tod eines Kindes; die kostbaren Erinnerungen an die toten Angehörigen; die Verwunderung darüber, trotz aller Trauer weiterleben zu können; die Verweigerung oberflächlichen Trostes; die eigene Verletzlichkeit in der Trauer; die Hoffnung auf ein Wiedersehen. Rückerts »Kindertotenlieder« – einige sind von Gustav Mahler vertont worden – sind eine große Auseinandersetzung mit Tod und Trauer, in der sich Trauernde auch nach fast 200 Jahren noch wiedererkennen können.

Der Tod eines eigenen Kindes ist eine Verletzung, die das Leben nicht wiedergutmachen kann. Mit dem Kind ist auch eine Teil des eigenen Lebens gestorben. Diese Wunde wird bleiben, mit dieser Narbe muss man leben. Jeder kann verstehen, wenn jemand sich über einen solchen Verlust nicht trösten lassen will. Das ist eine andere Form der Untröstlichkeit, als wenn einer stur auf der Untröstlichkeit des Lebens besteht, weil er keinen realen Trostgrund akzeptieren kann oder weil ein solcher Trostgrund nicht zu seiner Lebensphilosophie passt. Das ist meist doch nur eine rhetorische Geste und hat wenig mit existentiellen Erfahrungen zu tun.

Beim Tod eines Kindes dagegen wird einem bewusst, dass etwas nie mehr so werden wird, wie es einmal war. Wer sich dann nicht so schnell trösten lassen will, hält mit seiner eigenen Untröstlichkeit auch dem toten Kind die Treue.

Im Alten Testament wird von Jakob erzählt, dem eines Tages der blutige Rock seines Lieblingssohnes Josef mit der falschen Nachricht überbracht wird, Josef sei von wilden Tieren zerrissen und aufgefressen worden. Da »zerreißt Jakob seine Kleider, zieht sich einen grob gewebten Sack an und trauert um Josef lange Zeit. Und alle seine Söhne und Töchter kommen von weither, um ihn zu trösten. Aber er wollte sich nicht trösten lassen und sprach: Nein, trauernd werde ich zu meinem Sohn ins Totenreich hinabsteigen.« (1. Mose 37,34f.)

Jakob weigert sich, diesen Tod seines Lieblingssohnes einfach hinzunehmen. Er ist untröstlich. Aber kann man auf Dauer untröstlich sein? Untröstlichkeit ist kaum therapierbar, aber es ist auch keine Situation, über die man sich, etwa als Angehöriger oder Freund, wirklich beruhigen könnte. Auf längere Sicht sind tief untröstliche Menschen, wie Therapeuten zu bedenken geben, wohl auch suizidgefährdet.

Auf jeden Fall braucht Untröstlichkeit Zeit. Zeit heilt nicht alle Wunden, aber Zeit kann helfen, den Schmerz zu mildern, andere Seiten des Lebens kennenzulernen, irgendwann den erlittenen Verlust zu akzeptieren und sich für den Trost zu öffnen. »Immer und jedem kann es in seiner scheinbaren Trostlosigkeit geschehen, dass ein Fremdling aus schönen Welten zufliegt«, schreibt Hermann Hesse. Niemand ertrüge lange seine Hoffnungslosigkeit, »wenn sie so vollständig wäre, wie sein Bewusstsein ihn denken macht, und ihm nicht unbemerkt zugleich immer noch Tröstendes widerführe«. (Rainer Malkowski)

Alles hat seine Zeit, heißt es beim Prediger Salomo. Nichts auf Erden dauert ewig, auch die Trostlosigkeit nicht. Es kommen auch wieder andere Zeiten. Das muss kein oberflächlicher Trost, das kann auch tiefe Lebenserfahrung sein.

14. Der Trost des Glaubens

Der Gott des Trostes

In der alttestamentlichen Wissenschaft hat man dem unbekannten »Propheten des Trostes«, der im zweiten Teil des Jesaja-Buches zu Wort kommt, den Namen »Deuterojesaja« gegeben. Trost brauchten die Israeliten, die nach der Eroberung Jerusalems im Jahr 587 v.Chr. ins babylonische Exil deportiert worden waren. Im Laufe der Zeit hatte sich eine verzweifelte und resignative Stimmung unter den Exilanten ausgebreitet. Sie klagten über die Zerstörung Jerusalems und den Verlust des Tempels und begannen, an ihrem eigenen Glauben zu zweifeln.

In dieser Situation von Niedergeschlagenheit und Hoffnungslosigkeit trat der unbekannte Prophet auf – wohl in den Jahren nach 549, weil in seiner Botschaft schon etwas zu hören ist vom Siegeszug des persischen Königs Kyros. In ihm sah Deuterojesaja ein Werkzeug Gottes zur Befreiung der verbannten Israeliten, von ihm erwartete er die Niederwerfung des babylonischen Reiches.

Das erste Wort des Propheten für seine Landsleute ist ein Wort des Trostes (von G.F. Händel in seinem Oratorium »Messias« großartig vertont):

> Tröstet, tröstet mein Volk!, spricht euer Gott.
> Redet zum Herzen Jerusalems und ruft ihr zu,
> dass ihre Knechtschaft ein Ende hat,
> dass ihre Schuld vergeben ist ...
> Da ruft eine Stimme:
> Bahnt dem HERRN einen Weg in der Wüste,
> in der Steppe macht die Straße gerade für unseren Gott.
> Jedes Tal soll sich heben
> und senken sollen sich alle Berge und Hügel.

Und was uneben ist, soll gerade
und was hügelig ist, zur Ebene werden.
Der HERR wird kommen in seiner ganzen Herrlichkeit
und alle Menschen werden es sehen.
Da spricht eine Stimme: Rede zu deinem Volk!
Und ich fragte: Was soll ich denn sagen?
Alles Fleisch ist Gras und alles, was gut ist daran,
ist wie eine Blume auf dem Felde.
Das Gras vertrocknet, die Blume verwelkt,
wenn Gottes Atem darüber weht.
Das Gras vertrocknet, die Blume verwelkt,
aber das Wort unseres Gottes bleibt ewig.

(JESAJA 40,1-8)

Die Knechtschaft geht zu Ende, die Schuld ist vergeben, für Jerusalem beginnt eine neue Zukunft. Gott wird aus seiner Verborgenheit heraustreten und sein Volk durch die Wüste in die Heimat zurückführen. Die Rückkehr aus dem Exil wird wie ein göttlicher Triumphzug beschrieben. Um dies zu verdeutlichen, greift der Prophet auf die alte Überlieferung vom Auszug aus Ägypten zurück. Der neue Zug durch die Wüste wird den alten Exodus bei weitem übertreffen. Aus der unwegsamen Einöde zwischen Babylon und Jerusalem wird eine gerade Straße, sodass die Verbannten im Triumph heimkehren können. Und Gott wird Ströme von Wasser auf die Wüste gießen (43,19), sodass die Rückkehrer nicht verdursten müssen.

Doch die Trostbotschaft des Propheten hat mit Widerstand zu rechnen. Eine Stimme fragt resigniert: »Was soll ich denn sagen? Alles Fleisch ist Gras, alles ist vergänglich. Wir sind ein verlorenes Volk, mit Israel geht's zu Ende.« Hier meldet sich die Skepsis zu Wort: Die Menschen sind unbeständig, wechselhaft wie eine Feldblume, die heute blüht und morgen verdorrt. Menschlich gesehen ist hier vielleicht nichts mehr zu machen, doch der Prophet setzt dieser Skepsis die Zuversicht entgegen: »Aber das Wort unseres Gottes bleibt ewiglich.«

Deuterojesaja will seine Botschaft nicht nur einfach »verkünden«, er will seine Zuhörer auch von innen her überzeugen. Nicht zufällig heißt es darum: »Redet zum Herzen Jerusalems!« Das Herz ist im Alten Testament der Sitz der Erkenntnis und das Entscheidungszentrum des Menschen. Will man einen Menschen gewinnen, muss man sein Herz erreichen, nicht seinen Kopf. Darum argumentiert der Prophet und nimmt die Fragen seiner Landsleute auf. Er ruft ihnen ihre eigenen Erfahrungen mit Gott in Erinnerung. Er geht auf ihre Einwände ein und versucht, sie im Gespräch zu überzeugen:

> Mit wem wollt ihr mich vergleichen.
> Dass ich ihm gleich wäre?, spricht der Heilige.
> Hebt eure Augen in die Höhe und seht:
> Wer hat die Sterne dort oben geschaffen?
> Er, der HERR, lässt sie alle aufmarschieren,
> das ganze unermessliche Heer,
> jeden von ihnen ruft er mit Namen.
> Seine Macht und seine Kraft sind so groß,
> dass nicht eins von ihnen fehlt.
> (40,25f.)

Woher nimmt der Prophet diese Gewissheit? Letztlich aus der Überzeugung, dass der Gott Israels der einzige und wahre Gott ist. Das babylonische Exil ist die Geburtsstunde des biblischen Monotheismus, des Bekenntnisses zu dem einen Gott, neben dem keine anderen existieren. Für Deuterojesaja steht fest: Nur einer ist der Schöpfer. Er hat auch die Macht, jetzt sein Volk aus der Gefangenschaft zu befreien und in die Heimat zurückzuführen. Diese Überzeugung steht auch hinter den folgenden Trostworten, die zu den eindrücklichsten der Bibel gehören:

Warum klagt ihr denn, Nachkommen Jakobs, und sagt:
Unser Weg ist dem HERRN verborgen
und unser Recht geht an Gott vorbei?
Weißt du nicht? Hast du nicht gehört?
Der HERR, der ewige Gott,
der die Enden der Erde geschaffen hat,
wird nicht müde noch matt.
Sein Verstand ist unausforschlich.
Er gibt dem Müden Kraft
und Stärke genug dem Ohnmächtigen.
Junge Leute werden müde und matt,
Männer stolpern und stürzen.
Aber die auf den HERRN hoffen,
bekommen immer wieder neue Kraft,
dass sie auffahren mit Flügeln wie Adler,
dass sie laufen und nicht müde werden,
dass sie eilen und nicht matt werden.

(40,27-31)

Im Jahre 539 eroberte der persische König Kyros das babylonische Reich, ein Jahr später erlaubte er den deportierten Juden die Rückkehr in die Heimat und den Wiederaufbau des Tempels.

Es war so gekommen, wie Deuterojesaja es angekündigt hatte. Doch die Exilanten trafen in der Heimat schwierige Verhältnisse an. Die Stadt Jerusalem war zerstört, der Tempel lag in Trümmern, in der Stadt lebten nur noch wenige Einwohner. Ein Wiederaufbau schien aussichtslos. Erneut machten sich Enttäuschung und Mutlosigkeit breit. In dieser Situation kündigt Gott durch einen unbekannten Propheten an: »Ich will euch trösten, wie einen seine Mutter tröstet.« (Jesaja 66,13)

Die Urerfahrung des Tröstens wird hier auf Gott übertragen. So selbstverständlich wie eine Mutter ihr weinendes Kind auf den Arm nimmt und es tröstet, so selbstverständlich lässt sich Gott von den

Klagen seines Volkes rühren. Er wendet sich seinem Volk zu wie eine Mutter ihrem Kind. Das Volk soll von Gott versorgt werden mit dem Besten, was ein Kind bekommen kann: mit der Milch der Mutter (Jesaja 66,11). Es wird von Gott getragen und sitzt in seinem Schoß. So tröstet Gott sein Volk und vertreibt alle Kümmernisse und Schrecken wie eine Mutter bei ihrem Kind. Ein starker Trost für die verunsicherten und mutlosen Juden vor 2400 Jahren.

Im Neuen Testament ist es Paulus, der an zwei Stellen vom »Gott des Trostes« spricht. Im Römerbrief soll der »Gott der Geduld und des Trostes« (15,5) den Römern die Kraft geben, Solidarität zwischen den Starken und den Schwachen in der Gemeinde zu üben. Die auseinanderdriftenden Richtungen in der römischen Gemeinde sollen zueinanderfinden.

Ausführlicher spricht Paulus zu Beginn des zweiten Korintherbriefes vom Trost Gottes. Auch hier geht es um die Gemeinschaft, die durch gegenseitigen Trost gestiftet wird.

»Gelobt sei Gott, der Vater unseres Herrn Jesus Christus, der Vater der Barmherzigkeit und Gott allen Trostes, der uns tröstet in aller unser Bedrängnis. So können wir wiederum andere in all ihrer Bedrängnis mit eben dem Trost trösten, mit dem wir selbst von Gott getröstet werden.« (2. Kor 1,3f.)

Paulus ist doppelt getröstet worden. Gerade erst hatte er eine lebensbedrohliche Situation überstanden. Er hatte in Ephesus im Gefängnis gesessen und musste mit dem Schlimmsten rechnen. »Wir hatten unser Todesurteil schon hingenommen«, schreibt er. Doch dann war er überraschend freigesprochen worden. Diese Freilassung war sein Trost. Im Nachhinein wird ihm klar: »Das geschah aber, damit wir unser Vertrauen nicht auf uns selbst setzten, sondern auf Gott, der die Toten auferweckt; der uns aus solcher Todesnot errettet hat und erretten wird.« (2. Kor 1,9f.) Gott hatte ihn getröstet. Er hatte ihm das Leben neu geschenkt und ihn damit auch ermutigt, seine Missionsarbeit fortzusetzen.

Paulus ist auch getröstet, weil der Konflikt mit den Korinthern beigelegt ist. Er war bei einem Besuch in der korinthischen Gemeinde tief verletzt worden, sodass er sich genötigt sah, gekränkt abzureisen und nach Ephesus zurückzukehren. Dort schrieb er einen Brandbrief an die Korinther, in dem er seinen Kritikern entgegentrat, aber zugleich auch um neues Vertrauen der Gemeinde warb. Mit diesem »Tränenbrief« schickte Paulus seinen Mitarbeiter Titus nach Korinth. Voller Unruhe wartete Paulus auf Nachrichten von Titus und reiste ihm schließlich nach Makedonien entgegen, wo er von Titus die glückliche Nachricht erhielt, dass die Korinther den Vorfall bedauerten und sich nach einem erneuten Besuch des Apostels sehnten.

»Aber Gott, der die Geringen tröstet, hat uns mit der Ankunft des Titus getröstet. Nicht seine Ankunft als solche war es, sondern vielmehr der Trost, den er bei euch erfahren hat.« (2. Kor 7,6f.)

Die Mission des Titus ist gut ausgegangen. Paulus könnte triumphieren: »Ich habe Recht behalten.« Doch er sagt: »Ich bin getröstet worden.« Damit meint Paulus: Es war eine schreckliche Situation zwischen den Korinthern und mir. Sie hätte auch anders ausgehen können. Ich habe darunter gelitten. Doch jetzt hat Gott eine Wendung herbeigeführt, es gibt eine Versöhnung.

Gott hat Paulus getröstet – durch die Rettung aus Todesgefahr und durch die Versöhnung mit den Korinthern. Diesen Trost kann Paulus nicht für sich behalten. Er muss ihn mit den Korinthern teilen, denn sie haben in der Situation auch viel gelitten. »Wenn ein Glied leidet, leiden alle Glieder mit« (1. Kor 12,26), hat Paulus an anderer Stelle geschrieben. Trost schafft Gemeinschaft. Wer selbst getröstet worden ist, kann auch andere trösten.

Hiob: Streiten mit Gott

Das Hiob-Buch ist neben den Psalmen das klassische Trostbuch der Bibel, in dem am Beispiel des unschuldig leidenden Hiob nach der Gerechtigkeit Gottes und nach einem möglichen Trost angesichts sinnlosen Leids in der Welt gefragt wird.

Das Buch ist vermutlich im 4. Jahrhundert v. Chr. entstanden, aber es hat eine weiter zurückreichende Vorgeschichte. Es gab wohl eine alte Volkserzählung von einem gerechten und gottesfürchtigen Mann, der unverschuldetes Leid in großer Geduld getragen hat. Diese alte Geschichte ist in der Rahmenerzählung des Buches Hiob noch erkennbar. Darin wird erzählt, dass der reiche, hochangesehene und fromme Hiob zum Gegenstand eines Gesprächs in der himmlischen Ratsversammlung wird. Satan, der die Rolle eines himmlischen Staatsanwalts spielt, äußert Zweifel an Hiobs Frömmigkeit: Es ist leicht, fromm zu sein, wenn es einem so gut geht wie Hiob. Doch wenn Hiob alles verlieren würde – seinen Reichtum, seinen Besitz, auch seine Kinder, dann werde auch Hiob Gott abschwören. Ob das wirklich geschieht, lässt sich nur durch ein Experiment feststellen. Gott, von der Frömmigkeit Hiobs überzeugt, geht auf den Handel ein und gibt dem Satan freie Hand. Nun bricht das Unglück über Hiob herein: Seine Rinder, Esel und Kamele werden von Räuberbanden gestohlen, seine Knechte erschlagen, Feuer verbrennt Schafe, Ziegen und die dazugehörigen Stallungen, ein Orkan zerstört das Haus, in dem Hiobs Kinder feiern, alle finden den Tod. »Da stand Hiob auf, zerriss sein Kleid, schor sich den Kopf kahl, warf sich zur Erde nieder und sagte: ›Der Herr hat's gegeben, der Herr hat's genommen, der Name des Herrn sei gelobt!‹« (1,20f.)

Standhaft hält Hiob an seiner Frömmigkeit fest, kein Wort der Klage kommt aus seinem Mund. Das ändert sich zunächst auch nicht, als Satan ihm noch die Gesundheit nimmt und ihn »mit bösen Geschwüren von der Sohle bis zum Scheitel« schlägt. Als Hiobs Frau ihn daraufhin auffordert: »Verfluche Gott und stirb!«, antwortet Hiob: »Das Gute nehmen wir an von Gott, und das Böse sollten wir nicht annehmen?« (2,9f.) Auch jetzt, wo Hiob das Leid am eigenen Körper zu spüren bekommt, hält er an Gott fest. Satan hat nicht Recht behalten.

In diese Rahmengeschichte ist im Hiob-Buch ein großer Dialog zwischen Hiob und seinen Freunden eingeschaltet, die gekommen sind, ihn zu beklagen und zu trösten:

»Sie erhoben von ferne ihre Augen und erkannten ihn nicht wieder. Da erhoben sie ihre Stimmen und weinten. Ein jeder zerriss sein Kleid und sie warfen Staub auf ihr Haupt zum Himmel hin. Dann setzten sie sich zu ihm auf die Erde – sieben Tage und sieben Nächte lang. Und keiner von ihnen sagte etwas, denn sie sahen, dass der Schmerz sehr groß war.« (2,12f.)

Sieben Tage und sieben Nächte sitzen die Freunde neben Hiob auf der Erde und sagen kein Wort. So trösten sie ihn – durch ihr Mitgefühl und ihre Solidarität. Im Dabeisein, Zuhören und Schweigen erweisen sie sich als vorbildliche Seelsorger.

Dann unterbricht Hiob das Schweigen seiner Freunde und macht seinem Leiden Luft:

> Danach öffnete Hiob seinen Mund
> und verfluchte seinen Tag ...
> Warum bin ich nicht gestorben bei meiner Geburt?
> Warum bin ich nicht umgekommen,
> als ich aus dem Mutterleib kam? ...
> Warum gibt Gott das Licht dem Mühseligen
> und das Leben den betrübten Herzen,
> die auf den Tod warten, und er kommt nicht,
> und nach ihm graben mehr als nach Schätzen ...
> Was ich gefürchtet hatte, ist über mich gekommen,
> und wovor mir graute, das hat mich getroffen.
> Ich finde keinen Frieden, keine Rast, keine Ruhe –
> da kommt schon wieder ein Ungemach.
>
> (3,1.11.20ff.)

Hier spricht nicht mehr der fromme Dulder Hiob, sondern ein verzweifelter Mensch, der sein Leben verflucht und mit seiner Klage letztlich Gott meint. Nun können auch seine Freunde nicht mehr schweigen. Sie fühlen sich aufgerufen, Hiob aufzurichten, zu trösten – und zu ermahnen.

In immer neuen Redegängen werden dabei zwischen Hiob und seinen Freunden die Probleme des menschlichen Lebens und der Stellung des Menschen vor Gott diskutiert. Ausgangspunkt der Freunde ist dabei die antike Vorstellung, dass das Leiden in einem engen Zusammenhang mit dem Tun und Verhalten eines Menschen stehen muss: Wer leidet, muss gesündigt haben. Sein Freund Elifas fragt ihn: »Denk einmal nach: Ging je ein Mensch zugrunde, der treu und ehrlich war und ohne Schuld?« (4,7) Und er rät ihm: »Ich würde mich an Gott wenden und meine Sache vor ihn bringen ... Wie glücklich ist der Mensch, den Gott zurechtweist! Wenn er dich jetzt erzieht, lehn dich nicht auf!« (5,8.17) Sein Freund Bildad ermahnt ihn: »Denkst du im Ernst, dass Gott das Recht verdreht? Meinst du, er hält sich nicht an sein Gesetz?« (8,3) In den Reden der Freunde steckt eine Menge praktischer Lebenserfahrung und ein großes seelsorgerliches Bemühen. Aber die Freunde reden an Hiob vorbei. Ihre Seelsorge scheitert. Sie wollen Hiob trösten, aber ihre Trostversuche belasten Hiob nur. »Er leidet und sie halten Vorträge über das Leiden.« (R. Lux) Hiob fühlt sich in seinem Leiden weder ernst- noch angenommen. Stattdessen meinen die Freunde, Gott oder genauer: ihre Gotteslehren gegen Hiob verteidigen zu müssen.

Bitter und zugleich treffend stellt Hiob fest:

> Solche Reden habe ich schon oft gehört,
> ihr seid allzumal leidige Tröster!
> Wollen die leeren Worte denn kein Ende nehmen? ...
> Auch ich könnte reden wie ihr,
> wenn ihr an meiner Stelle wärt.«
> (16,2ff.)

Und voller Sarkasmus fügt er hinzu:

> »Wie tröstet ihr mich mit Nichtigkeiten,
> von euren Antworten bleibt nichts als Trug.
> (21,34)

.

Mit billigem Trost will Hiob sich nicht abfinden, seine Klage wird immer mehr zur Anklage Gottes selbst, den er für seine Leiden verantwortlich macht. Er wendet sich direkt an Gott und fordert ihn auf, ihm doch zu sagen, was er ihm, Hiob, vorzuwerfen habe:

> Im Himmel muss doch einer für mich aufstehen,
> der dort mein Recht vertritt und für mich bürgt.
> Von meinen Freunden habe ich nichts als Hohn und Spott,
> doch unter Tränen blicke ich hin zu Gott.
> Gott, der mein Freund ist, muss mir Recht verschaffen
> und Gott, den Feind, in seine Schranken weisen.
> (16,19-21)

Von Gott verlassen hält Hiob doch fest an Gott und klammert sich daran, dass es eine letzte Instanz geben muss, die auf seiner Seite steht und ihm zum Recht verhilft:

> Ich weiß, dass Gott, mein Anwalt, lebt!
> Und zuletzt wird er sich über den Staub erheben ...
> Ich selbst werde ihn sehen, mit meinen Augen
> werde ich ihn sehen – und keinen Fremden.
> (19,25-27)

Gott nimmt die Herausforderung an. Er antwortet Hiob aus dem Sturm heraus: »Wer bist du, dass du meinen Plan anzweifelst, von Dingen redest, die du nicht verstehst? ... Wo warst du denn, als ich die Erde machte? Wenn du es weißt, dann sage es mir doch!« (38,2.4) Gott entfaltet die Größe und Unergründlichkeit, aber auch die Rätsel seiner Weltschöpfung. Dabei ist von lauter Dingen die Rede, die weit außerhalb des Gesichtskreises Hiobs liegen: von den Sternen des Weltalls und von den Quellen des Meeres, von den Urelementen Licht und Finsternis und vom Lauf der Jahreszeiten.

Die Antwort fällt anders aus als erwartet. Gott stellt Hiob eine lange Reihe von Fragen, die auf den ersten Blick mit seinem Leiden gar nichts zu tun haben. »Gott sagt weder, du hast gesündigt, du hast dich schlecht benommen, noch sagt er, ich selber habe Unrecht gehabt.« (Elie Wiesel) Kein Wort davon. Gott fordert Hiob vielmehr auf, seinen Blick von seinem eigenen Leiden abzuwenden und sich der Welt der Schöpfung zuzuwenden.

Zunächst ist jedoch festzuhalten: Gott geht nicht schweigend über den klagenden Hiob hinweg, sondern würdigt ihn einer ausführlichen Antwort. Hiobs Klage geht nicht ins Leere, ja, Gott bescheinigt Hiob ausdrücklich, anders als die Freunde, »die Wahrheit« über ihn gesagt zu haben. Die Klage zu Gott ist wahrer als die fromme Beschwichtigung. Hiobs Klage bleibt nicht ohne Antwort. Das ist auch ein Trost für Hiob.

Ein weiterer, mehr indirekter Trost liegt auch in der folgenden Beschreibung der unausforschlichen und von Gott über den Abgründen gehaltenen Schöpfung. Gott führt Hiob die Schöpfung in ihrer Buntheit und Widersprüchlichkeit vor Augen: Das Leben der Tiere, die nicht den Interessen der Menschen dienen, Wildesel und Löwe, Straußenhenne und Rabe. Alles hat seinen Platz im Ganzen der Schöpfung wie der Mensch selbst. Die Gottesreden demonstrieren eine Welt, in der es Leid und Wunder, Schönheit und Rätsel gibt, die der Mensch nicht durchschaut. Doch Gott sorgt dafür, dass sie nicht im Chaos versinkt.

Hiobs Leiden ist damit weder erklärt noch gerechtfertigt, dennoch zeigt er sich von Gottes Antwort beeindruckt. »In meinem Unverstand habe ich geredet von Dingen, die mein Denken übersteigen ... Ich kannte dich ja nur vom Hörensagen; jetzt aber hat mein Auge dich gesehen. Darum gebe ich auf und bin doch getröstet – mitten in Staub und Asche.« (42,3ff.)

Hiob ist getröstet, weil er jetzt weiß, dass die Erde nicht »einem Schurken übergeben ist«, der »für die Ängste der Menschen nur ein Lachen« (9,23f.) übrig hat, wie er vermutete. Nein, Gott bleibt, obwohl jenseitig und überlegen, doch der dem Menschen zugewandte Gott. Zwar bleibt die Welt voller Rätsel, aber »diese Rätsel ruhen am Herzen

Gottes« (Gerhard von Rad), dem deshalb auch Hiob mit all seinen Fragen und Klagen vertrauen kann.

Am Schluss des Hiob-Buches folgt der irdische Trost: »Und es kamen zu ihm alle seine Brüder und alle seine Schwestern und alle seine früheren Bekannten und aßen mit ihm in seinem Haus und sprachen ihm zu und trösteten ihn über all das Unglück, das der HERR über ihn gebracht hatte. Und jeder gab ihm ein Geldstück und einen goldenen Ring.« (42,11)

Die Geschwister und Bekannten Hiobs holen ihn mit ihrem Besuch wieder in die soziale Gemeinschaft zurück. »Welcher Trost könnte wirksamer sein als ein gemeinsames Mahl?« (R. Lux) Überdies sind sie nicht mit leeren Händen gekommen: Geld und Gold dienen als Startkapital für das neue Leben. Sein früherer Wohlstand wird nicht nur wiederhergestellt, sondern verdoppelt. Er bekommt erneut Kinder, sieben Söhne und drei Töchter, »sah noch Kinder und Kindeskinder bis in das vierte Glied« und starb alt und lebenssatt mit 140 Jahren. Ein märchenhafter Schluss?

Das Ende des Buches zeigt eindrücklich, dass der Gott der Bibel nicht nur in Krisenzeiten angerufen wurde, sondern auch für das Glück und den Segen eines Lebens zuständig war. Ein Gott nicht nur des himmlischen, sondern auch des irdischen Trostes. So endet das Hiob-Buch nicht mit einer theologischen Wahrheit, es endet mit der Erneuerung realen Lebens. »Am Ende des Hiobbuches ist nicht davon die Rede, dass die richtige Lehre sich durchsetzt, sondern davon, dass einer nach langem Leiden wieder leben konnte.« (Jürgen Ebach)

»Dein Stecken und Stab trösten mich« – die Psalmen

Der Psalm 23 ist ein Vertrauensgebet. Wann dieser Psalm zuerst gesprochen wurde, wer ihn gedichtet hat und in welcher Situation er entstanden ist, ist bis heute nicht bekannt. Gerade in der unübertroffenen Übersetzung Martin Luthers ist Psalm 23 der bekannteste aller

Psalmen, ja, er ist der biblische Trosttext schlechthin. Er wird im Judentum bei der Totenbestattung gesprochen, er steht oft über Todesanzeigen und wird als biblische Lesung bei Trauerfeiern vorgelesen. Als Gemeindepfarrer habe ich Psalm 23 an vielen Krankenbetten gebetet und dabei beobachtet, wie selbst Schwerkranke, die nach Auskunft von Ärzten kaum noch ansprechbar waren, ihre Lippen bewegten. Manche Menschen tragen diesen Psalm ihr Leben lang mit sich – wie jener ältere Mann, der als Soldat während des Zweiten Weltkriegs einen Zettel mit dem Text des 23. Psalms in seine Uniform eingenäht hatte und nach dem Krieg den Zettel in seiner Brieftasche immer bei sich trug.

> Der Herr ist mein Hirte,
>   mir wird nichts mangeln.
> Er weidet mich auf einer grünen Aue
>   und führet mich zum frischen Wasser.
> Er erquicket meine Seele.
>   Er führet mich auf rechter Straße
> um seines Namens willen.
>   Und ob ich schon wanderte im finsteren Tal,
> fürchte ich kein Unglück;
>   denn du bist bei mir,
> dein Stecken und Stab trösten mich.
>   Du bereitest vor mir einen Tisch
> im Angesicht meiner Feinde.
>   Du salbest mein Haupt mit Öl
> und schenkst mir voll ein.
>   Gutes und Barmherzigkeit werden mir folgen
>   mein Leben lang
> und ich werde bleiben im Hause des HERRN immerdar.

Der Psalm sagt in schönen Bildern etwas sehr Einfaches: Gott kümmert sich um uns, darum haben wir es gut und brauchen uns nicht zu fürchten. Das kann jedes Kind verstehen, aber es ist gar nicht kindlich und gar nicht naiv gemeint, sondern ganz elementar: Ich habe einen Hirten, einen Beschützer meines Lebens. Ich muss nicht umherirren, ich weiß, wohin ich gehöre und an wem ich mich orientieren kann.

Hirte und Herde – es mag sein, dass dieses Bild nicht bei allen Menschen spontane Zustimmung findet. Zu idyllisch sagen die einen, zu autoritär die anderen. Doch ein Hirte ist weder ein Romantiker noch ein Chef. Er ist ein Mensch, der mit Lebendigem umgehen kann. Einer, der aufpasst, dass auch dem schwächsten Glied seiner Herde nichts Böses geschieht. Einer, der wacht, und einer, der kämpft, wenn der Wolf kommt. Aber auch einer, der weiß, wo es frisches Grün und gute Wasserstellen gibt und der die Orte kennt, an denen die Herde sicher ist vor wilden Tieren.

Der Psalm fasziniert mit archaischen Bildern: Der Hirte, der mit seinem Stab den Weg weist und mit der Keule seine Herde verteidigt. Die Weideplätze mit grünem Gras und Wasser in Fülle. Aber auch die finstere Schlucht, durch die niemand ohne Beklemmung eilt. Gott, der den Verfolgten demonstrativ an seinen Tisch bittet und zu einem Festmahl einlädt. Der sich nicht »lumpen« lässt und den Becher mit Wein randvoll füllt. Und als Ziel der Wanderung die immerwährende Wohnung im Hause Gottes, Zuflucht und Ruhe zugleich.

Der 23. Psalm ist kein Text, in dem die dunklen Seiten des Lebens verheimlicht oder verniedlicht werden. Er kennt auch die finsteren Schluchten, die das Leben kosten können, in denen der Tod seine Schatten vorauswirft. Das Leben ist keine Idylle. Es gibt nicht nur »Feinde« und böse Menschen, es gibt auch die Widerwärtigkeiten des Lebens. Wir leben in einer Welt, in der es immer wieder Unheil und Unglück gibt, und wir werden davon nicht verschont. Aber wir brauchen das Unglück nicht zu fürchten, denn – und hier geht der Psalm unvermittelt zum vertrauten »Du« über: »Du bist bei mir«. So tröstet der Psalm zugleich und macht deutlich: Am Ende steht das Glück und nicht das Unglück, die Geborgenheit und nicht das Verloren-sein. Kein Wunder, dass viele diesen Psalm gerade in Stunden der Bedrängnis gelesen haben und nicht wenige ihn ihr Leben lang mit sich tragen. Selbst der sonst eher kritische Philosoph Immanuel Kant bekannte: »Alle Bücher, die ich gelesen habe, haben mir diesen Trost nicht gegeben, den mir dies Wort der Bibel gab.«

Mit den Psalmen haben Generationen von Menschen ihre Not geklagt, um Hilfe gebeten, nach Gerechtigkeit geschrien und Gott gedankt. »Ich habe die Nacht einsam hingebracht ... und habe schließlich ... die Psalmen gelesen, eines der wenigen Bücher, in dem man sich restlos unterbringt, mag man noch so zerstreut und ungeordnet und angefochten sein.« (R.M. Rilke, Briefe an seinen Verleger [1934] 247) [1]

Die Psalmen zeigen eine Unmittelbarkeit des Redens zu Gott, die uns heute weithin verloren gegangen ist: »In der Zeit meiner Not suche ich den HERRN ..., denn meine Seele will sich nicht trösten lassen.« (Psalm 77,3) Die Sprache der Psalmen ist nicht glatt und handlich; sie lullen nicht ein, sondern sprechen uns unmittelbar an: »Es haben mich umgeben Leiden ohne Zahl ..., ihrer sind mehr als Haare auf meinem Kopf, und verzagt ist mein Herz.« (Psalm 40,13) Hier wird kein Blatt vor den Mund genommen: »Schämen sollen sich und zuschanden werden, die mir nach dem Leben trachten und mein Unglück wollen.« (Psalm 40,15) Das ganze Leben ist hier versammelt: Von der Geburt bis zum Tod (»Du hast mich hinunter in die Grube gelegt, in die Finsternis und in die Tiefe.« Psalm 88,7), von der Geschichte Israels bis zu ganz persönlichen Nöten, von Rachegefühlen bis zum Staunen über die Schöpfung (»Wenn ich sehe die Himmel, deiner Finger Werk, den Mond und die Sterne, die du bereitet hast: Was ist der Mensch, dass du seiner gedenkst?« Psalm 8,4), vom Halleluja bis zum Schrei nach Vergeltung.

»Denn ein menschliches Herz ist wie ein Schiff auf einem wilden Meer, welches die Sturmwinde von den vier Enden der Welt umtreiben. Solche Sturmwinde aber lehren mit Ernst reden und das Herz öffnen und den Grund herausschütten. Was aber ist das meiste im Psalter als solch ein ernstliches Reden in solchen Sturmwinden? Wo findet man feinere Worte von der Freude, als die Lobpsalmen oder Dankpsalmen sie haben? Und wiederum: Wo findest du tiefere, kläglichere, jämmerlichere Worte von der Traurigkeit, als die Klagepsalmen sie haben? ... Daher kommt es auch, dass ein jeder, in was für Sachen er auch ist, Psalmen und Worte darin findet, die sich auf seine Sachen reimen und ihm ebenso sind, als wären sie allein um seinetwillen so gesagt.« (Martin Luther)

Aus dem »Deutschen Requiem« von Johannes Brahms sind die Verse aus dem 39. Psalm bekannt:

> HERR, lehre mich doch,
> > dass es ein Ende mit mir haben muss
> und mein Leben ein Ziel hat und ich davon muss.
> > Siehe, meine Tage sind eine Handbreit bei dir,
> und mein Leben ist wie nichts vor dir.
>
> (39,5f.)

So betet jemand, der durch eine schwere Krankheit mit dem Tod konfrontiert worden ist. Mit einem Schlag wird einem die Vergänglichkeit des eigenen Lebens bewusst. »Und wir dachten, wir hätten noch so viel Zeit«, steht manchmal über den Todesanzeigen in den Zeitungen.

In den Worten des Psalms wird das Leiden nicht erklärt. Es wird vor Gott gebracht. Wo man selbst nichts mehr machen kann, bleibt nur, die Klage an den zu richten, der das Leid wenden kann.

> Nun, HERR, wessen soll ich mich trösten?
> > Ich hoffe auf dich ...
> Höre mein Gebet, HERR, vernimm mein Schreien,
> > schweige nicht zu meinen Tränen!
> Denn ich bin nur ein Gast bei dir,
> > ein Fremdling wie alle meine Väter.
>
> (39,8.13)

»Anfechtung und Trost beim Glück der Gottlosen« ist der 73. Psalm in der Luther-Bibel überschrieben. Ein »Gerechter« gerät hier in eine schwere Lebens- und Glaubenskrise angesichts des unverschämten Lebensglücks der reichen Gottlosen. War er bisher überzeugt, dass Gott »Israels Trost für alle« ist, »die reinen Herzens sind« (73,1), so hat er doch jetzt die irritierende Erfahrung gemacht, dass gerade die Gottlosen glücklich, gesund und erfolgreich sind. Sie setzen rücksichtslos ihre Macht ein, um ihre Ziele durchzusetzen, und »darum wendet sich das Volk ihnen zu und schlürft ihre Worte in vollen Zügen« (73,10). Das Glück der Gottlosen und der Spott für die Gottesfürchtigen – ein Stück aus dem Leben und ein häufiges Thema in den Psalmen. So geht's zu in der Welt! »Die wahren Glückskinder scheinen die zu sein, die sich weder um Gott noch um seine Gerechtigkeit kümmern.« (Erich Zenger) Fast hätte der Psalmbeter seine bisherigen Grundsätze aufgegeben und sich die Lebensweise der Gottlosen zu eigen gemacht (73,13-15) – da erkennt er beim Besuch des »Heiligtum Gottes« (73,17) die Brüchigkeit und Vergänglichkeit dieses scheinbaren Lebensglücks. Wahres Lebensglück besteht in der unzerstörbaren und auch den Tod noch überdauernden Verbundenheit mit Gott:

> Dennoch bleibe ich stets an dir;
> > denn du hältst mich bei meiner rechten Hand,
> du leitest mich nach deinem Rat
> > und nimmst mich am Ende mit Ehren an.
> Wenn ich nur dich habe,
> > so frage ich nichts nach Himmel und Erde.
> Wenn mir gleich Leib und Seele verschmachten,
> > so bist du doch, Gott, allezeit
> meines Herzens Trost und mein Teil.
> (73,23-26)

Das sind starke Worte, in der Luther-Bibel fett gedruckt, aber es ist kein lauter Trost am Schluss, sondern ein leiser und trotziger – gegen den Augenschein. Gott ist »dennoch« Trost für alle, die reinen Herzens sind und der Ungerechtigkeit widerstehen.

In den Psalmen kann sich jeder wiederfinden. Kaum ein Mensch ist in der Lage, seine Eindrücke und Erfahrungen, Nöte und Sehnsüchte immer adäquat und gleich intensiv mit eigenen Worten auszudrücken. Es gibt Augenblicke der Ratlosigkeit und der Resignation, aber auch der Freude und des Glücks, in denen wir dankbar sind, uns fremde Worte leihen zu können. Wer einen Psalm spricht, schließt sich der Hoffnung vieler Generationen an, die schon vor ihm diese Worte übernommen haben.

Selig sind, die da Leid tragen

»Die Worte dieses einen Juden, der sich Jesus von Nazareth nannte, ob er sie nun sprach oder nicht, genügen mir … Hier auf diesem steinigen Boden hat er die gewaltigste Rede geredet, die ich kenne, die Rede der Reden«, schreibt der Schriftsteller Friedrich Dürrenmatt anlässlich einer Israelreise. Am Anfang der Bergpredigt, von der hier die Rede ist, stehen die sogenannten »Seligpreisungen«. Wurden in der Antike sonst selig oder glücklich gepriesen, die eine glückliche Familie, wohlgeratene Kinder oder Erfolg im Leben vorweisen konnten, so nennt Jesus hier die glücklich, die arm sind, die trauern, die sanftmütig und barmherzig sind, die Frieden stiften und sich nach Gerechtigkeit sehnen. Die Bergpredigt beginnt nicht mit Appellen und Forderungen, sondern mit einer Trost- und Heilszusage für die, die Not leiden und in der Welt keinen Trost finden. Ihnen wird verbindlich zugesagt, dass ihr Leben nicht sinnlos ist, sondern seine Erfüllung erfahren wird.

Die zweite der neun Seligpreisungen heißt im Matthäusevangelium: »Selig sind, die da Leid tragen, denn sie sollen getröstet werden.« Anders als in der antiken Philosophie wird den Trauernden hier die Trauer nicht ausgeredet, sie wird auch nicht relativiert. Die Seligpreisung gilt nicht den Unerschütterlichen und Souveränen, sondern den Leidenden und vom Leben Geschlagenen. Sie liegen Jesus besonders am Herzen, wie auf fast jeder Seite der Evangelien nachzulesen ist:

»Am Abend aber, als die Sonne untergegangen war, brachten sie alle Kranken und Besessenen zu ihm. Und die ganze Stadt war vor der Tür versammelt. Und er heilte viele, die an mancherlei Krankheiten litten, und trieb viele Dämonen aus.« (Markus 1,32-34) Immer wieder heißt es: »Er fühlte Mitleid, streckte seine Hand aus und berührte ihn« (Markus 1,40) oder: »Er trat hinzu, nahm ihre Hand und richtete sie auf« (Markus 1,31) oder: »Als er die vielen Menschen sah, taten sie ihm leid, denn sie waren erschöpft und schutzlos wie Schafe, die keinen Hirten haben« (Matthäus 9,36).

Sieht man genauer hin, sind die Evangelien voll von kranken und behinderten Menschen, von Gestalten am Rande, »die auf Grund ihres Schicksals, ihrer Schuld oder auch des herrschenden Vorurteils als Gezeichnete, Ausgestoßene gelten« (Günther Bornkamm). Offenbar hat Jesus die Kranken und die Leidenden, die »Mühseligen und Beladenen« magisch angezogen. Als Jesus gefragt wurde, warum er sich mit diesen Menschen abgibt, antwortete er: »Nicht die Gesunden brauchen den Arzt, sondern die Kranken.«

38 Jahre lag der Gelähmte in den Badehallen von Bethesda, 38 Jahre allein auf seiner Matte, 38 Jahre Schmerzen, 38 Jahre Warten. Niemand erinnerte sich noch daran, wer den Mann einmal hergebracht hatte. Fast gehörte er schon zum festen Bestand des Heilbades, zum Inventar, an das man sich gewöhnt hatte.

Doch einem fällt er auf. Jesus »sieht« das Elend, er sieht den Gelähmten, so wie er auch die »verkrümmte Frau« sieht, die seit 18 Jahren krank war (Lukas 13,10-17) und an deren Anblick sich offenbar alle gewöhnt hatten. Jesus sieht den Gelähmten im Heilbad Bethesda, geht auf ihn zu und fragt ihn: »Willst du gesund werden?« Was antwortet der Kranke? »Herr, ich habe keinen Menschen!« Keiner hilft ihm in den Teich. Auch in der Welt der Kranken gilt das Recht der Stärkeren. Ein Gelähmter, der sich nicht bewegen kann und keine Freunde hat, ist ganz schlecht dran. Doch »Jesus sagt zu ihm: Steh auf, nimm dein Bett und geh!« (Johannes 5,8-9).

Das Besondere gerade der Heilungsgeschichten, die von Jesus erzählt werden, zeigt sich darin, wie er mit den Menschen umgegangen ist: Er sieht die Blinden, Lahmen, Stummen und Kranken, bleibt stehen, lässt sich aufhalten, wendet sich diesen Menschen zu, fragt sie, erkundigt sich und nimmt Anteil. Er hält keinen Abstand und heilt nicht aus der Ferne. Er benutzt die Kranken nicht zur Demonstration seiner Kunst. Er nimmt sie bei der Hand, legt ihnen die Hände auf und spricht mit ihnen persönlich. Er sieht in dem blinden Bartimäus, der blutflüssigen Frau oder in dem epileptisch kranken Jungen keine »traurigen Fälle«, sondern zuallererst Menschen, die Zuwendung brauchen und Liebe.

Das Bild, das die Evangelien vom mitfühlenden und mitleidenden Jesus (vom »Heiland«) zeichnen, hat sich der Nachwelt unauslöschlich eingeprägt: Jesus ist der, zu dem jeder kommen kann, weil er sich der Menschen ohne Ansehen der Person annimmt.

Der Berner Pfarrer und Dichter Kurt Marti hat auf die Frage »Wer ist Jesus Christus für Sie?« geantwortet: »Derjenige, demgegenüber ich nie das Bedürfnis, erst recht nicht eine Nötigung verspüre, mich wegen meiner Handlungen oder Versäumnisse, wegen meiner Gedanken oder Wünsche, wegen meines Versagens oder meiner Schuld rechtfertigen zu müssen.«[2]

Das Kreuz

Das Kreuz ist das Grundsymbol und zugleich das weltweite Erkennungszeichen des Christentums. Wichtiger als dies, dass Jesus als Rabbi, als Prophet oder als Heiler wirkte, war den ersten Christen, dass er der Leidende, der Gekreuzigte und Auferstandene war. Das ist es, worin sich Jesus von allen anderen Religionsstiftern unterscheidet. Buddha starb nach einem harmonischen und erfolgreichen

Leben, hochangesehen bei den Mächtigen, die Ausbreitung seiner Lehre noch erlebend, im hohen Alter von 80 Jahren wahrscheinlich an einer Lebensmittelvergiftung. Mohammed starb als erfolgreicher Feldherr und geistliches und politisches Oberhaupt einer wachsenden Gefolgschaft mit 62 Jahren in Medina in den Armen seiner 18-jährigen Lieblingsfrau Aisha. Jesus von Nazareth starb mit gut 30 Jahren nach einem erstaunlich kurzen öffentlichen Wirken, das in Jerusalem gewaltsam beendet wurde. Jesus stirbt nach den vorliegenden Berichten als Verachteter und Verfluchter: verraten und verleugnet von seinen Schülern und Anhängern, verspottet und verhöhnt von seinen Gegnern, verlassen von Gott und den Menschen. Das Letzte, was sie von ihm hören, ist sein Schrei am Kreuz.

Die Evangelien sind im Grunde »Passionsgeschichten mit ausführlicher Einleitung« (Martin Kähler). Im Zentrum des christlichen Glaubens steht ein Hingerichteter, ein Gekreuzigter.

Auch manche Christen fragen inzwischen: Ist das noch zeitgemäß? Die Passionsgeschichte ist keine Erfolgsgeschichte, das Kreuz eignet sich nicht unbedingt für eine Werbekampagne oder für ein Logo – ein Lebensbaum oder ein Regenbogen sind bunter und sympathischer. Das Kreuz war immer umstritten, oft wurde es missbraucht – als Feld- und Ordenszeichen oder von Päpsten und späteren Heiligen, die zu Kreuzzügen aufgerufen haben. Heute ist es mehr denn je zu einem Modeaccessoire herabgekommen, das sich vor allem junge Leute ohne viel Bedenken um den Hals hängen. Nicht immer ist ihnen bewusst, dass das Kreuz ursprünglich ein grausames Marterinstrument war und im christlichen Kontext auf den Tod Jesu für alle Menschen verweist.

Kein Wunder, dass Juden und Griechen die Christen für verrückt hielten, wenn sie verkündeten, ausgerechnet im Kreuzestod Jesu habe sich Gott offenbart. Damit wurden bisherige Gottesvorstellungen, die Gott nur mit Macht, Sieg und Erfolg zusammenbringen konnten, auf den Kopf gestellt. Gott ist auch im Elend, die Macht Gottes erweist sich in seiner Ohnmacht. Das Kreuz wurde zum Trostzeichen.

»Es gehört zu den größten Paradoxien der Religionsgeschichte, dass jenes Leiden, welches in den Verzweiflungsruf mündet: ›Mein Gott, warum hast du mich verlassen?‹, eine unerschöpfliche Sprache für alle menschliche Trosterfahrung gegeben hat. Gott ist hier gegenüber aller bisherigen Gotteserfahrung neu erfahren worden: er demonstriert sich nicht mehr als der Allmächtige, sondern als der Gott, der mit Jesus die Ohnmacht des Sterbens teilt.«[3]

Im Christentum sind zum ersten Mal in der Religionsgeschichte Gott und das Leiden positiv zusammengebracht: Gott leidet mit den Menschen mit. Das ist immer auch als großer Trost empfunden worden. Zum innersten Kern des christlichen Glaubens gehört die Überzeugung, dass Gott selbst Mensch geworden ist und bis hin zum Tod am Kreuz unser Menschsein geteilt und am eigenen Leib erfahren hat. Daraus folgt: Gott ist kein bloßer Zuschauer menschlichen Lebens und Sterbens. Er kennt Leid und Tod aus eigener Erfahrung und steht dem Schicksal von Menschen nicht gleichgültig gegenüber. Wir sind im Leben und im Tod nicht von Gott verlassen – das ist der »starke« Trost, den der Kreuzestod Jesu vermitteln kann.

Das Kreuz Jesu symbolisiert zugleich die besondere Leidempfindlichkeit des christlichen Glaubens. »Ein wesentlicher Punkt des christlichen Glaubens ist ein schwacher, leidempfindlicher Gott. Insofern steht im Zentrum unseres Glaubens ein Leidensgedächtnis, das uns animiert, mitzuleiden, empfindsam zu sein für das Leiden anderer«, sagt der Theaterregisseur Ulrich Khuon. Das Christentum ist keine Religion der Sieger. Das Kreuz Jesu steht dafür, dass die Leidenden in dieser Welt nicht übersehen und vergessen werden.

Trost gibt der Himmel

»Und ich sah einen neuen Himmel und eine neue Erde; denn der erste Himmel und die erste Erde sind vergangen, und das Meer ist nicht mehr. Und ich sah die heilige Stadt, das neue Jerusalem, von

Gott aus dem Himmel herabkommen, bereitet wie eine geschmückte Braut für ihren Mann.

Und ich hörte eine große Stimme von dem Thron her, die sprach: Siehe da, die Hütte Gottes bei den Menschen! Und er wird bei ihnen wohnen, und sie werden sein Volk sein und er selbst, Gott mit ihnen, wird ihr Gott sein; und Gott wird abwischen alle Tränen von ihren Augen, und der Tod wird nicht mehr sein, noch Leid noch Geschrei noch Schmerz wird mehr sein; denn das Erste ist vergangen.

Und der auf dem Thron saß, sprach: Siehe, ich mache alles neu! Und er spricht: Schreibe, denn diese Worte sind wahrhaftig und gewiss! Und er sprach zu mir: Es ist geschehen. Ich bin das A und O, der Anfang und das Ende. Ich will dem Durstigen geben von der Quelle des lebendigen Wasser umsonst.« (Offenbarung des Johannes 21,1-6)

Die Bilder vom neuen Himmel und der neuen Erde, vom himmlischen Jerusalem und von der Wohnung Gottes unter den Menschen beschreiben mehr, als sich mit unseren Sinnen erfahren und mit unserer Vernunft nachprüfen lässt. Der Seher Johannes spricht in Bildern: vom himmlischen Festmahl, vom wahren Frieden zwischen Mensch und Natur, von der himmlischen Stadt Jerusalem, von den abgewischten Tränen, vom unerschöpflichen Lebenswasser, von der Hütte Gottes bei den Menschen. Bilder sind tröstlicher und elementarer als theologische Argumente. Was kann mehr trösten als die Hoffnung, dass Gott selbst dereinst alle Tränen, die wir im Leben oder angesichts des Todes geweint haben, abwischen und trocknen wird. Die biblischen Hoffnungsbilder weisen über alles Irdisch-Vorläufige auf eine wunderbare Erfüllung von allem, was hier auf Erden bestenfalls Bruchstück und Stückwerk geblieben ist.

Das letzte Buch der Bibel, die Offenbarung des Johannes, ist für christliche Gemeinden geschrieben, über die am Ende des ersten Jahrhunderts blutige Verfolgung hereinbricht. Die göttliche Verehrung des römischen Kaisers Domitian sollte überall durchgesetzt werden. Um die Gemeinden zur Standhaftigkeit und zum Widerstand gegenüber dem Kaiserkult zu ermutigen, enthüllt der Seher Johannes den verborgenen Geschichtsplan Gottes, der ihm in ekstatischen Visionen offenbart worden ist.

Die Weltmacht Rom, damals auf dem Höhepunkt ihrer Macht, erscheint hier als blutrünstige Bestie, trunken vom Blut der Märtyrer. Die Aggressivität der apokalyptischen Bilder, in denen die widergöttlichen Mächte vernichtet werden, hat immer wieder Kritik an diesem biblischen Buch hervorgerufen. »Aber es sind Blutströme, die eine sich selbst absolut setzende politische Macht verursacht.«[4] Die Offenbarung des Johannes ist eine Trostschrift, die konsequent aus der Perspektive der Opfer von Gewalt geschrieben ist: Einmal wird die Zeit der Tyrannen vorbei sein, einmal wird die Unterdrückung ein Ende haben, einmal wird Gott auch der Macht des Todes ein Ende bereiten. Auf die Gläubigen, die standhaft geblieben sind und sich nicht von der römischen Weltmacht haben blenden lassen, wartet das himmlische Jerusalem als Ort der paradiesischen Gemeinschaft mit Gott. Aus dieser Zukunftshoffnung können die verfolgten Christen die Kraft schöpfen, in den Bedrängnissen der Gegenwart standhaft zu bleiben und nicht zu verzweifeln.

Da wird noch etwas kommen

Es ist trostlos, angesichts des Todes sagen zu müssen: »Das war's!« Leben heißt hoffen. Ohne Hoffnung kann kein Mensch wirklich leben. Doch worauf hoffen wir angesichts des Todes? Auf ein Weiterleben in der Erinnerung anderer Menschen? »Wir werden dich nie vergessen« steht auf manchen Todesanzeigen. Doch wie lange dauert »nie«? Nur in Ausnahmen bleiben verstorbene Menschen bei ihren Mitmenschen noch lange in Erinnerung.

Christen hoffen auf mehr. Dass es mit der Welt und dem eigenen Leben ein gutes Ende nehmen wird. Da muss noch etwas kommen, da wird noch etwas kommen – das ist versprochen.

Überzeugend und heiter kommt diese Hoffnung in der kleinen Erzählung »Behalte die Gabel!« zum Ausdruck:

BEHALTE DIE GABEL!

Als der Arzt ihr mitteilte, dass sie höchstens noch drei Monate zu leben hätte, beschloss sie, sofort alle Details ihrer Beerdigung festzulegen. Zusammen mit dem Pfarrer besprach sie, welche Lieder gesungen werden sollten, welche Texte verlesen werden sollten und welche Kleider sie anhaben wollte.

»Und da gibt es noch eine sehr wichtige Sache! Ich will mit einer Gabel in der Hand begraben werden«, sagte sie schließlich. Der Pfarrer konnte seine Verwunderung nicht verbergen. Eine Gabel? »Darf ich fragen, warum?«, wollte er vorsichtig wissen.

»Das kann ich erklären«, antwortete die Frau mit einem Lächeln: »Ich war in meinem Leben zu vielen verschiedenen Abendessen eingeladen. Ich habe immer die Gänge am liebsten gemocht, wo diejenigen, die abgedeckt haben, gesagt haben: Die Gabel kannst du behalten. Da wusste ich, dass noch etwas Besseres kommen würde. Nicht nur Eis oder Pudding, sondern etwas Richtiges, ein Auflauf oder etwas Ähnliches.

Ich will, dass die Leute auf mich schauen, wenn ich da in meinem Sarg liege mit einer Gabel in der Hand. Da werden sie sich fragen: Was hat es denn mit der Gabel auf sich? Und dann können Sie ihnen erklären, was ich gesagt habe. Und dann grüßen Sie sie und sagen ihnen, dass sie auch die Gabel behalten sollen. Es kommt noch etwas Besseres.«

KRISTINA REFTEL

Der Himmel des Glaubens

Pilgern ist in. Jedes Jahr wandern allein auf dem Jakobsweg mehr als 200.000 Menschen aus vielen Ländern. Sie »wandern mit Gott«, um ihrem Leben wieder mehr Tiefe zu geben oder auch, um dem Alltagsstress zu entfliehen und den Kopf freizubekommen. Pilgern ist eine spirituelle Übung, eine Erinnerung an das Leben als Wanderung zwischen Zeit und Ewigkeit.

In der Nähe des Speyerer Doms steht die überlebensgroße Bronzefigur des Speyerer Jakobspilgers. Mit bloßen Füßen ausschreitend, den Pilgerstab in der Hand, hat er sein weites Ziel fest vor Augen. Auf einer Platte in den Bürgersteig eingelassen, stehen daneben Worte aus dem Hebräerbrief: »Wir haben hier keine bleibende Stadt, sondern die zukünftige suchen wir.« (13,14)

Die frühen Christen verstanden sich als »Gäste und Fremdlinge« in dieser Welt. Sie sprachen davon, hier kein dauerhaftes Zuhause zu haben, sondern eine Heimat im Himmel. Dass einer »heimgegangen« sei, heißt es auch heute noch immer wieder mal in Todesanzeigen. Das Bild von der himmlischen Heimat steht dabei für die Hoffnung, dass auch am Ende eines schmerzlichen Weges ein Zuhause wartet, in das wir heimkehren werden. Für Christen war das Sterben mit der Hoffnung verbunden, dorthin zu gelangen, wo Jesus bei Gott ist, »in den Himmel zu kommen«.

Die Aussicht auf den Himmel war jahrhundertelang für die meisten Christen der immer wieder genannte Trost angesichts des eigenen Todes. »Trost gibt der Himmel, von einem Menschen erwartet man Beistand«, stand auch für den liberalen Schriftsteller Ludwig Börne fest. Doch wo ist dieser Himmel? Kann man im 21. Jahrhundert noch unbefangen vom »Trost des Himmels« sprechen?

Raumsonden haben in den letzten Jahrzehnten den Himmel erforscht und das Weltall vermessen, doch Gottes Wohnung haben sie dabei nicht gefunden. Und ein himmlisches »Gefilde der Seligen«, mit versammelten Vorfahren und blühenden Wiesen, wo jeder bei seiner Ankunft herzlich von Gott empfangen wird, ist doch sehr nach menschlichen Wunschvorstellungen konstruiert.

Ist die Vorstellung von einem jenseitigen Himmel inzwischen überholt?

In nahezu allen Religionen galt der Himmel über uns als Raum des Göttlichen, ein Raum, der in unsere Welt hineinragt, von uns aber nicht betreten werden kann. Auch die biblischen Vorstellungen vom Himmel knüpfen daran an. Der unsichtbare Himmel, der wie alles von Gott geschaffen wurde, ist zugleich der Thronsitz des Schöpfers, von dem aus er das irdische Geschehen überblickt und regiert. Doch zugleich weiß man im Alten Testament auch, dass »der Himmel und aller Himmel Himmel Gott nicht fassen können« (1. Könige 8,27).

Der Himmel des Glaubens ist nicht der Himmel der Astronauten und Raumfähren. Er ist kein lokalisierbarer Ort, sondern Bezeichnung für die Dimension Gottes. »Wo Gott ist, da ist auch der Himmel.« (Karl Barth) Der sichtbare Himmel über uns kann in seiner Größe, Helligkeit und Pracht dafür nur ein Symbol sein.

Anders als in Bildern können wir von einer jenseitigen Hoffnung gar nicht sprechen: Bilder vom himmlischen Friedensreich, in dem alle Konflikte gelöst sind, von den vielen Wohnungen im Haus des Vaters, von den tröstenden Händen Gottes, vom neuen Himmel und der neuen Erde. Es sind Bilder, keine Fotographien. Es ist noch keiner dort gewesen und wir wissen nicht, wie es dort genau aussieht. Diese Bilder sind aber unersetzbar. Wir können sie nicht in alltägliche Erfahrungen »übersetzen«, wir können sie nur schützen und ihrer Auflösung in die geheimnisleere Sprache gebräuchlicher Begriffe und Ansichten widerstehen.

Der Tränen-Engel

Mit einem tröstlichen Bild sprechen wir auch von einem »Engel«, wenn wir bewahrt oder beschützt worden sind – und ahnen, dass

Gott uns nahe gewesen ist. »Denn er hat seinen Engeln befohlen, dass sie dich behüten auf allen deinen Wegen.« (Psalm 91,11)

GIBT ES ENGEL?

In der Bibel gibt es für »Engel« und »Bote« Gottes ein und dasselbe Wort. Engel sind keine eigenständigen göttlichen Wesen. Sie haben kein Eigenleben, keine Gestalt, keine Flügel, keinen Namen und verweigern sich jeder Festlegung. Sie existieren nur in ihrem Auftrag. Sie sind Boten Gottes, »dienstbare Geister, ausgesandt zum Dienst an den Menschen« (Hebräer 1,14), um sie zu stärken und zu trösten. In seinem Engel – wer immer es ist – wendet sich Gott einem Menschen in besonderer Weise zu: Wer hat nicht schon Situationen erlebt, bei denen er hinterher dachte: Da hatte ich einen Schutzengel? Oder es hat uns jemand unverhofft in einer schwierigen Lebenssituation geholfen – mit einer entscheidenden Tat, mit der wir nicht rechnen konnten, oder auch mit dem rechten Wort zur genau richtigen Zeit.

Gott sendet seine Boten auch heute in mancherlei Gestalt. Jeder kann für einen anderen Menschen zu einem Engel werden, zu einem Boten der Menschenfreundlichkeit Gottes.

DER TRÄNEN-ENGEL

> Kennst du schon den Tränen-
> Engel, mit dem krummen Rücken der,
> mit den rot geheulten Augen, mit den Flügeln,
> schlaff und schwer?
> Nimmt sich alles so zu Herzen,
> tritt in manches Sterbehaus,
> einen schweren, schwarzen Koffer
> trägt er später dann hinaus.

Du fragst: Was ist in dem Koffer? –
Reue und viel Bitterkeit,
nicht gelebte Augenblicke, ein verpasstes Tut mir leid!
All die ungesagten Worte wiegen nun entsetzlich schwer.
Darum geht der Tränen-
Engel auch so krumm und kann nicht mehr.
Wo die dunkle Straße endet, wird er seinen Koffer los.
Hier am Ende seiner Reise, nimmt ihn einer in den Schoß,
drückt ihn, streichelt ihn und flüstert:
Wenn ich dich nicht hätte, du!
Und dann lacht der Engel Tränen
und gönnt sich ein wenig Ruh.

GERHARD SCHÖNE

Bilder der Hoffnung

Heute erscheinen die traditionell-anschaulichen Jenseitsbilder wie die Vorstellung von einem Jüngsten Gericht, vom himmlischen Paradies oder von der Hölle vielen Menschen nicht mehr glaubhaft. Zugleich hat sich die christliche Theologie mit konkreten Antworten auf berechtigte Fragen sehr zurückgehalten. Hier ist eine Art Vakuum entstanden. »Es besteht offenkundig eine Differenz zwischen elementaren religiösen Fragen und kirchlichen Antworten.«[5] Viele suchen nach tröstenden Bildern, die sie persönlich anzusprechen vermögen und die ihnen auch bei ihrer konkreten Trauerbewältigung gefühlsmäßig helfen können.

Für nicht wenige Menschen spielen dabei ursprünglich fernöstliche Reinkarnationsvorstellungen eine nicht unwesentliche Rolle. Doch welcher Trost soll in der Aussicht liegen, je nach guten oder schlechten Taten nach dem Tod als Pflanze, Tier oder anderer Mensch wiedergeboren zu werden? Für Hindus und Buddhisten, bei denen der Glaube an die Wiedergeburt besonders verankert ist, ist die Reinkarnation eher eine Strafe. Sie seufzen unter dem »Rad der Wiedergeburten« und streben nach einer Erlösung von der Seelenwanderung und dem Eingehen ins Nirwana.

Eine »Auferstehung der Toten«, von der das Apostolische Glaubensbekenntnis spricht, können sich auch viele Christen nicht mehr wirklich vorstellen. Angesichts menschlichen Zerfalls und natürlicher Verwesung scheint eine Auferstehung wenig überzeugend. Da wird es auch wenig helfen, an die ursprüngliche biblische Intention dieses Hoffnungsbildes zu erinnern. Paulus spricht von Verwandlung, von einer von Gott geschaffenen, ganz neuen Gestalt des Menschen. Nicht unsere Seele oder irgendein Lebensfunke in uns wird nach dem Tode weiterleben, sondern wir werden als »ganze« zu einem neuen Leben auferweckt – mit unserer Person und unserer Identität. Das setzt in jedem Fall ein schöpferisches Handeln Gottes voraus, was sich viele Menschen aber nicht mehr vorstellen können.

Tröstlich ist aber für viele Menschen die Hoffnung, nach dem Tod nicht irgendwann völlig vergessen und ewig verloren zu sein, sondern im »ewigen Gedächtnis« Gottes aufgehoben zu sein. Die Bibel spricht vom »Buch des Lebens«: »Deine Augen sahen mich, als ich noch nicht bereitet war und alle Tage waren in dein Buch geschrieben, die noch werden sollten und von denen keiner da war«, heißt es im 139. Psalm. Und im Lukasevangelium sagt Jesus: »Freut euch, dass eure Namen im Himmel geschrieben sind!« (10,20) Gott kennt meine Geschichte. Gott kennt auch meinen Namen, auch wenn irgendwann niemand mehr lebt, der mich gekannt hat. Nichts geht verloren, bei Gott ist es gut aufgehoben.

Ich empfinde das Bild vom Tod als einer neuen Geburt besonders tröstlich. Schon Martin Luther hat 1519 in seinem heute noch lesenswerten »Sermon von der Bereitung zum Sterben« davon gesprochen:

»Der Weg des Sterbens ist wohl sehr eng, er ist aber nicht lang. Es geht hier zu, wie wenn ein Kind aus der kleinen Wohnung in seiner Mutter Leib mit Gefahr und Ängsten geboren wird in diesen weiten Himmel und Erde. Ebenso geht der Mensch durch die enge Pforte des Todes aus diesem Leben.«

Der Tod ist beides zugleich: Ende dieses Lebens und Geburt zu einem neuen Leben. Im Tod enden für uns Zeit und Raum. Darum dauert es nur einen Augenblick von der Stunde des eigenen Todes bis zur Auferstehung. So sind die Toten schon jetzt in der Auferstehungswelt Gottes. »Heute«, sagt der sterbende Jesus zu einem der Mitgekreuzigten, nicht am jüngsten Tag, sondern: »Heute wirst du mit mir im Paradiese sein.« (Lukas 23,43) Bei Gott sind alle Zeitunterschiede aufgehoben. Darum kann Martin Luther sagen: »Sobald die Augen sich schließen, wirst du auferweckt werden. Tausend Jahre werden sein gleich, als du ein halbes Stündlein geschlafen hast.«

Mitbeantwortet ist damit auch die Frage, ob es nach dem Tod ein Wiedersehen mit anderen Menschen geben kann. Der Theologe Karl Barth erzählt, dass er einmal von einer besorgten Pfarrfrau gefragt wurde: »Herr Professor, werde ich auch gewiss im Himmel meine Lieben wiedersehen?« Er hat ihr geantwortet: »Machen Sie sich darauf gefasst, nicht ›nur‹ ihre Lieben«. Wenn unsere Zeit abgelaufen ist, begegnen wir Gottes Gegenwart – zugleich mit allen Menschen, die früher gestorben sind oder die später sterben werden.

Vom Leben nach dem Tod kann man nur in Bildern sprechen. Wohin Gott uns durch den Tod führt, bleibt ein Geheimnis. Mit einem Geheimnis aber kann man leben, wenn man Vertrauen hat.

Im Zentrum der christlichen Hoffnung steht darum letztlich Gott allein – die Wirklichkeit, die nach dem Tod auf den Menschen zukommt. Man kann nicht an den allmächtigen Gott und zugleich an den allmächtigen Tod glauben. Gott ist größer als der Tod und erwartet den Menschen an der Schwelle des Todes. Wer an Gott glaubt, kann den Tod nicht für das Ende halten.

Wer nur den lieben Gott lässt walten – das Gesangbuch

»Wer nur den lieben Gott lässt walten« gehört nach allen Umfragen zu den beliebtesten Gesangbuchliedern. Der Dichter Georg Neumark hat es selbst als »ein Trostlied« bezeichnet und über sein Lied die folgenden Zeilen gesetzt: »Dass Gott einen jeglichen zu seiner Zeit versorgen und erhalten will. Nach dem Spruch: Wirf dein Anliegen auf den Herrn, der wird dich wohl versorgen.«

Neumark hat das Lied schon als Zwanzigjähriger verfasst. 40 Jahre später, in seinem Todesjahr 1681, diktierte er erblindet seinen Kindern die Entstehungsgeschichte des Liedes. Nach erfolgreichem Abschluss der Schule hatte er sich 1641 von Gotha aus auf den Weg gemacht, um an der Universität in Königsberg Jura zu studieren. Doch die Reisegesellschaft, der er sich angeschlossen hatte, wurde überfallen und ausgeraubt. Neumark verlor sein Geld, seine Kleider und alle Bücher, konnte nur sein Leben retten und sich mühsam nach Hamburg durchschlagen. Nirgendwo fand er eine Anstellung. Bettelarm landete Neumark schließlich in Kiel. In seinen Erinnerungen berichtete er: »So wurde ich so melancholisch, dass oftmals ich des nachts in meiner Kammer den lieben barmherzigen Gott mit heißen Tränen auf Knien anflehte.«

Da wird plötzlich die Stelle eines Lehrers frei und Neumark kann zwei Jahre in Kiel bleiben, unterrichtend und musizierend, bis er das Geld für sein Studium in Königsberg zusammen hat. Noch an dem Tag, an dem er seine Stelle als Lehrer antritt, hat Neumark sein Lied »Wer nur den lieben Gott lässt walten« gedichtet. Er hat auch die Melodie dafür komponiert. Sein Lied wurde schnell bekannt, oft vertont, vielfach übersetzt und fand bis heute weltweite Verbreitung.

1.
Wer nur den lieben Gott lässt walten
und hoffet auf ihn allezeit,
den wird er wunderbar erhalten
in aller Not und Traurigkeit.
Wer Gott, dem Allerhöchsten, traut,
der hat auf keinen Sand gebaut.

2.
Was helfen uns die schweren Sorgen,
was hilft uns unser Weh und Ach?
Was hilft es, dass wir alle Morgen
beseufzen unser Ungemach?
Wir machen unser Kreuz und Leid
nur größer durch die Traurigkeit.

7.
Sing, bet und geh auf Gottes Wegen,
verricht das Deine nur getreu
und trau des Himmels reichem Segen,
so wird er bei dir werden neu.
Denn welcher seine Zuversicht
auf Gott setzt, den verlässt er nicht.

GEORG NEUMARK

Das Lied strahlt ein großes Gottvertrauen aus; es ist voller Zuversicht, dass Gott es gut machen wird mit meinem Leben. Das ist kein oberflächlicher Optimismus, denn das Lied spricht auch von Not und Traurigkeit, von Kreuz und Leid, von der Drangsalshitze und dem Gefühl, von Gott verlassen zu sein. Die Schrecken werden nicht geleugnet, die Sorgen gehören zum Leben, aber sie müssen das Leben nicht beherrschen.

Der Dichter ist realistisch: So, wie es ist, bleibt es meist nicht. »Gott ist der rechte Wundermann, der bald erhöhn, bald stürzen kann.« Er ist auch darin realistisch, dass er den Beter auffordert, die Hände nicht in den Schoß zu legen: »Sing, bet und geh auf Gottes Wegen, verricht das Deine nur getreu!« Du, das Deine – Gott, das Seine.

Ebenso wie »Wer nur den lieben Gott lässt walten« gehört Paul Gerhardts »Befiehl du deine Wege« zu den bekanntesten Kirchenliedern deutscher Sprache. Theodor Fontane hat es »das große deutsche Trösteliid« genannt. Paul Gerhardt schrieb es zur eigenen Vergewisserung und Ermutigung in persönlich und politisch schwierigen Zeiten. Sein Leben und Dichten war weithin geprägt durch die Erschütterungen und Auswirkungen des Dreißigjährigen Krieges: »Was ist mein ganzes Wesen von meiner Jugend an als Müh und Not gewesen? Solang ich denken kann, hab ich so manchen Morgen, so manche liebe Nacht mit Kummer und mit Sorgen des Herzens zugebracht.«

So wundert es nicht, dass zwei Drittel seiner 139 erhaltenen Lieder darauf abzielen, Trauernde und Verzagte zu trösten:

> Befiehl du deine Wege und was dein Herze kränkt
> der allertreusten Pflege des, der den Himmel lenkt.
> Der Wolken, Luft und Winden gibt Wege, Lauf und Bahn,
> der wird auch Wege finden, da dein Fuß gehen kann.
>
> Dem Herren musst du trauen, wenn dir's soll wohlergehn;
> auf sein Werk musst du schauen, wenn dein Werk soll bestehn.
> Mit Sorgen und mit Grämen und mit selbsteigner Pein
> lässt Gott sich gar nichts nehmen, es muss erbeten sein.

Gott ist der Lenker und Leiter der Welt und unseres Lebens. In allen Widerfahrnissen des persönlichen Lebens haben wir es mit demselben Gott zu tun, der »auch den Himmel lenkt; der Wolken, Luft und Winden gibt Wege, Lauf und Bahn, der wird auch Wege finden, da dein Fuß gehen kann«. Das Lied will dazu bewegen, sich Gottes Führung anzuvertrauen und den Sorgen »gute Nacht« zu sagen. Paul Gerhardt hat hier die christliche Lehre von »Gottes Vorsehung« (besser: Gottes Fürsorge für die Welt) in ein persönliches Trostlied umgesetzt:

> Auf, auf gib deinem Schmerze und Sorgen gute Nacht,
> lass fahren, was das Herze betrübt und traurig macht;
> bist du doch nicht Regente, der alles führen soll,
> Gott sitzt im Regimente und führt alles wohl.

Kann man das im 21. Jahrhundert, in den Zeiten von Umweltzerstörung, Flüchtlingskatastrophen und Terroranschlägen noch genauso sagen? Ist ein solches Gottvertrauen nicht naiv, von der Realität tausendmal widerlegt?

Dorothee Sölle urteilte vor 50 Jahren: »Wie man nach Auschwitz den Gott loben soll, der alles so herrlich regiert, das weiß ich auch nicht«, und »Es führt kein Weg zurück zum Kindervater, der Wolken, Luft und Winden Wege, Lauf und Bahn gibt.«[6] Helmut Gollwitzer hat ihr damals widersprochen: »Wer meint, ›wir heute‹ könnten nicht mehr so beten, sagt damit, die damals hätten das Grauen der Welt weniger erfahren, und behandelt sie als ahnungslose Kinder.«[7] Paul Gerhardt war weder besonders optimistisch, noch hat er einfach aus der Beobachtung des Weltgeschehens auf »Gottes Regiment« geschlossen. Dass Gott die Welt regiert, hat auch Paul Gerhardt gegen den Augenschein geglaubt. Gottvertrauen war damals keine einfachere Sache als heute – und genauso wenig selbstverständlich wie etwa für Dietrich Bonhoeffer, der am 23.8.1944, nach dem gescheiterten Attentat auf Hitler, im Gefängnis in einem Brief schrieb: »Gottes Hand und Führung ist mir so gewiss, dass ich hoffe, immer in dieser Gewissheit bewahrt zu werden. Du darfst nie daran zweifeln, dass ich dankbar und froh den Weg gehe, den ich geführt werde.«[8]

Die Melodie von »O Haupt voll Blut und Wunden« stammt ursprünglich von einem Liebeslied aus dem Jahr 1601, das den Titel trug »Mein Gmüt ist mir verwirret, das macht ein Jungfrau zart«. Paul Gerhardts 1656 entstandenes Passionslied ist ein Lied voll Liebe und Schmerz, es ist zu »dem« protestantischen Karfreitagslied geworden. Die Worte und die Musik gehen unter die Haut.

> O Haupt, voll Blut und Wunden,
> voll Schmerz und voller Hohn,
> o Haupt, zum Spott gebunden
> mit einer Dornenkron,
> o Haupt, sonst schön gezieret

mit höchster Ehr und Zier,
jetzt aber hoch schimpfieret:
gegrüßet seist du mir!

Das Lied beginnt mit einem Bild des Jammers. Das Gesicht des am Kreuze hängenden Christus ist erstarrt, seine Züge sind eingefallen, die Farbe ist aus seinem Körper gewichen, sein Augenlicht ist erloschen: Die ersten Strophen sind eine einzige Aufzählung der Erniedrigung und des Verfalls. In allen Details führt uns Paul Gerhardt das Leiden des Gekreuzigten vor Augen. Das Leiden der ganzen Welt wird daran sichtbar. Nicht wegschauen, nichts verharmlosen, dem Anblick des Leidens standhalten – das ist die Botschaft des Liedes an dieser Stelle. Wo bleibt der Trost?

Wenn ich einmal soll scheiden,
so scheide nicht von mir,
wenn ich den Tod soll leiden,
so tritt du dann herfür;
wenn mir am allerbängsten
wird um das Herze sein,
so reiß mich aus den Ängsten
kraft deiner Angst und Pein.

Erscheine mir zum Schilde,
zum Trost in meinem Tod,
und lass mich sehn dein Bilde
in deiner Kreuzesnot.
Da will ich nach dir blicken,
da will ich glaubensvoll
dich fest an mein Herz drücken.
Wer so stirbt, der stirbt wohl.

Paul Gerhardt

Die beiden letzten Strophen des Liedes werden oft bei Trauerfeiern in der Friedhofskapelle gesungen. Unzähligen Menschen sind sie zum Trost in den letzten Stunden ihres Lebens geworden. Es kann ein Trost sein, zu hören, dass ich am Ende des Lebens nicht verlassen sein werde. Auch dorthin, wohin mich keiner meiner Familienangehörigen, keiner meiner Freunde begleiten kann, auch auf dem Weg des Todes bin ich nicht allein. J.S. Bach hat die Strophe in der Matthäuspassion unmittelbar nach dem Sterben Jesu am Kreuz eingefügt. »Nur der leidende Gott kann helfen«, hat D. Bonhoeffer später formuliert. Jesus Christus bleibt uns nahe und kann uns »aus unseren Ängsten reißen«, weil er selbst am Kreuz »Angst und Pein« erlitten und durchgestanden hat.

Der Soziologe Hans Joas hat den Trost dieser Strophen in einem Vortrag auf dem 1. Ökumenischen Kirchentag 2003 in Berlin sachlich und präzise so beschrieben:

»Der Christ erwartet Trost und Hilfe nicht einfach von einem starken Helfer, der, als er selbst verfolgt wurde, seine Feinde einfach mit übermächtiger Kraft niedergestreckt und sich über sie erhoben hätte. Der Christ wendet sich vielmehr an einen, der selbst die Todesangst ganz durchlitten hat, und findet seinen Trost darin. Warum soll uns, wenn wir Todesangst leiden, eigentlich die Todesangst eines anderen trösten? Warum soll unsere Angst dadurch geringer werden? Sie wird auf diese Weise nicht einfach verschwinden und einem tollkühnen Unverwundbarkeitsgefühl Platz machen. Der Glaube aber, dass Gott selbst in menschlicher Gestalt meine Angst durchlitten hat, macht es mir möglich, diese Angst in meinen Lebensmut hineinzunehmen. Der Glaube erlaubt es mir, meiner Erfahrung der Angst Worte zu verleihen und immer wieder neu die Erfahrung eines Aufgefangenwerdens in der göttlichen Liebe zu machen.«[9]

Neben der Bibel spielte das Gesangbuch früher in der privaten Frömmigkeit eine besondere Rolle. Die meisten evangelischen Christen kannten sich im Gesangbuch besser aus als in der Bibel. Im Religions- und Konfirmandenunterricht wurden Gesangbuchlieder auswendig gelernt. Zur Konfirmation bekam man ein Gesangbuch geschenkt, nun konnte man mit allem ausgestattet selbständig am Gottesdienst teilnehmen.

Das Gesangbuch war aber auch ein Hausbuch. Es wurde nicht nur sonntags zum Kirchgang hervorgeholt, man las auch wochentags zur eigenen Andacht im Gesangbuch. Das Gesangbuch begleitete das ganze Leben evangelischer Christen, »gab ihrem Tag mit seinen Morgen-, Mittags- und Abendliedern einen Rhythmus, gliederte die Woche in Werk- und Sonntag, führte sie durch die Jahreszeiten und erfüllte ihre Feste. Es lehrte sie das Lesen, Singen und Beten, die Schönheit der deutschen Sprache und die Fülle des eigenen Glaubens.«[10] Bestimmte Lieder wie »Nun danket alle Gott«, »Nun ruhen alle Wälder« oder »Geh aus, mein Herz, und suche Freud«, darunter besonders viele von Paul Gerhardt, spielten dabei eine große Rolle. Hier war in poetische und sprachlich behaltbare Worte gegossen, was man auch so oder ähnlich empfand, selbst aber nicht hätte formulieren können. In dieser Situation ist es hilfreich und tröstlich, das mitzusprechen, was unzählige andere vor mir auch schon gesungen oder gebetet haben. Das ist meist mehr als das, was wir mit unseren stammelnden Worten und unserem bescheidenen Glauben zuwege bringen. »Ich brauche meinen Glauben nicht zum Maßstab dessen zu machen, was ich sage.« (Fulbert Steffensky) Mit diesen Worten können wir den »Mund vollnehmen« – und das ist gut so. Wir beten oder singen dann gegen unsere eigene Halbherzigkeit an.

Von guten Mächten

Dietrich Bonhoeffer hat das Gedicht »Von guten Mächten« seiner Verlobten Maria von Wedemeyer zur Jahreswende 1944/45 aus der Haft geschickt. Das Gedicht spiegelt die innere Situation Bonhoeffers in diesen Wochen: zwischen Hoffen und Bangen, dem Tod, der jeden Tag droht, und der Hoffnung, doch noch freizukommen.

Was ihn nicht verzweifeln lässt, ist sein Vertrauen auf »die guten Mächte«, Menschen, die an ihn denken und für ihn beten, und Gott, bei dem er sich auch in diesen »bösen Tagen« geborgen weiß. Er schreibt: »Wenn es in dem alten Kirchenlied von den Engeln heißt: zwei, um mich zu decken; zwei, um mich zu wecken – so ist diese Bewahrung durch gute unsichtbare Mächte am Morgen und in der Nacht etwas, das Erwachsene heute genauso brauchen wie die Kinder.«

Das Gedicht wurde nach dem Krieg berühmt, an die fünfzigmal vertont und steht heute als Vermächtnis Dietrich Bonhoeffers in allen Gesangbüchern.

> Von guten Mächten treu und still umgeben
> behütet und getröstet wunderbar, –
> so will ich diese Tage mit euch leben
> und mit euch gehen in ein neues Jahr;
>
> noch will das alte unsre Herzen quälen
> noch drückt uns böser Tage schwere Last,
> ach, Herr, gib unsern aufgescheuchten Seelen
> das Heil, für das Du uns geschaffen hast.
>
> Und reichst Du uns den schweren Kelch, den bittern,
> des Leids, gefüllt bis an den höchsten Rand,
> so nehmen wir ihn dankbar ohne Zittern
> aus Deiner guten und geliebten Hand.
>
> Doch willst Du uns noch einmal Freude schenken
> an dieser Welt und ihrer Sonne Glanz,
> dann woll'n wir des Vergangenen gedenken,
> und dann gehört Dir unser Leben ganz.

Lass warm und still die Kerzen heute flammen,
die Du in unsre Dunkelheit gebracht,
führ, wenn es sein kann, wieder uns zusammen!
Wir wissen es, Dein Licht scheint in der Nacht.

Wenn sich die Stille nun tief um uns breitet,
so lass uns hören jenen vollen Klang
der Welt, die unsichtbar sich um uns weitet,
all Deiner Kinder hohen Lobgesang.

Von guten Mächten wunderbar geborgen
erwarten wir getrost, was kommen mag.
Gott ist bei uns am Abend und am Morgen,
und ganz gewiss an jedem neuen Tag.

DIETRICH BONHOEFFER

Die christliche Bestattung

Die Bestattungskultur befindet sich zurzeit im Wandel. Eindeutig geht der Trend gegenwärtig zur Feuerbestattung, er wächst proportional zur Zahl der Einpersonenhaushalte. In gleicher Weise nimmt die Zahl der »anonymen Bestattungen« zu, bei denen die Asche auf einem Friedhofsfeld verstreut oder die Urne in einer Rasenfläche versenkt wird. Mag es für anonyme Bestattungen oft auch soziale Gründe geben – sie sind kostengünstig und ersparen den Hinterbliebenen die Grabpflege –, so bedeutet eine Bestattung ohne persönliche Trauerfeier und eigenes Grab doch einen erheblichen Verlust an humaner Trauerkultur: einsames Leben, sang- und klangloses Sterben und unkenntliches Grab.

Die kirchliche Bestattung steht demgegenüber dafür ein, dass Tod und Abschied, persönliche Trauer und Erinnerung öffentlich wahrgenommen und gelebt werden können. Die Stärke des christlichen Bestattungsrituals liegt darin, dass hier ein zugleich würdiger und hoffnungsvoller Abschied von einem Verstorbenen ermöglicht wird.

Die Aussegnung

Vielen Menschen ist nicht bekannt, dass sie einen verstorbenen Angehörigen noch länger im Haus behalten können. Erst 36 Stunden nach Eintritt eines Todes muss ein Leichnam in eine öffentliche Leichenhalle überführt werden. In dieser Zeit können Angehörige noch am Totenbett wachen, eine Kerze anzünden, einen Blumenstrauß dazustellen, den toten Angehörigen liebevoll berühren und so persönlich Abschied nehmen.

Vor der Überführung zum Bestatter oder zum Friedhof findet dann am Totenbett die Aussegnung statt. Angehörige, Freunde und auch Pflegepersonal können dazu eingeladen werden. Der Raum wird für eine kleine Andacht hergerichtet. Medizinische Geräte werden entfernt, eine Kerze wird angezündet, ein Kreuz aufgestellt und Blumen werden auf das Bett des Toten gelegt.

Bei der Aussegnung kann man noch einmal an die Situation des Sterbens (plötzlich oder lange erwartet, friedlich und sanft oder …) anknüpfen und einen Psalm sprechen (Psalm 23 erweist sich auch in dieser Situation als tröstlich.). Der verstorbene Angehörige wird im Gebet Gott anvertraut, gemeinsam wird das Vaterunser gebetet und ein Segensworт gesprochen.

In der Regel empfinden es die Angehörigen als tröstlich, dass sie in Ruhe von dem Verstorbenen Abschied nehmen können und bei ihm oder ihr sind, wenn der Sarg geschlossen wird.

Das Trauergespräch

Vor dem Trauergottesdienst besucht die Pfarrerin oder der Pfarrer die Angehörigen zum Trauergespräch im Trauerhaus. Das Trauergespräch dient vor allem der Seelsorge an den Angehörigen und der Vorbereitung der Trauerfeier.

Fast immer nimmt die Erzählung der Sterbegeschichte und der Umstände des Todes in dem Gespräch einen breiten Raum ein. Oft sind dabei auf Seiten der Angehörigen Gefühle der Unsicherheit im Spiel, ob sie in den letzten Tagen und Wochen auch alles richtig gemacht haben. Da kann es sehr entlasten, die Sterbegeschichte noch einmal einem kompetenten Gesprächspartner zu erzählen, der in diesen Fragen über reichlich Erfahrung verfügt.

In dem Gespräch geht es wesentlich auch um die Biografie des oder der Toten. Entscheidend ist, dass die Angehörigen spüren, dass die oder der Verstorbene vom Pfarrer wichtig genommen wird und nicht nur einer der vielen Todesfälle ist. Nicht alles, was vom Toten erzählt wird, muss in der Ansprache aufgenommen werden. Es gehört zur Kompetenz von Pfarrerinnen und Pfarrern, hier unterscheiden und gewichten zu können.

Welche Wünsche haben die Angehörigen für Bibelworte und Liedverse? Gibt es Bibelverse, die in der Familie eine Tradition haben? Wenn möglich geht die Pfarrerin oder der Pfarrer auf die Vorschläge der Angehörigen ein, zumindest kann sie oder er die Angehörigen aufgrund seiner Erfahrung hier gut beraten.

Wichtig ist es, im Gespräch eine Vertrauensbeziehung aufzubauen. Manche Angehörige sind zum ersten Mal mit einem Todesfall konfrontiert und sind unsicher, was Abläufe und eigenes Verhalten betrifft. In dieser Situation ist es wohltuend zu spüren: Da ist jemand kompetent, dem können wir vertrauen. Immer wieder habe ich erlebt, dass aus dem Trauerbesuch längerfristige Beziehungen zu Angehörigen entstanden.

Die Trauerfeier

Bei einer christlichen Trauerfeier kann man sich biblischen Texten, Gebeten und einem Ritual anvertrauen, die man sich nicht selbst ausdenken muss, sondern die sich über Jahrhunderte als tröstend und entlastend erwiesen haben.

Der Ritus empfängt den Trauernden mit feststehenden und bekannten Formen. Das hat im Todesfall eine Entlastungsfunktion. »Der Todesfall, der individuell betroffen macht, muss doch nicht individuell bewältigt werden.« (Wilhelm Gräb) Der Ritus schafft Gemeinschaft. Er spricht alle an, niemand ist durch Unterschiede der Bildung oder des persönlichen Geschmacks ausgeschlossen. Alle können ihn mitvollziehen, das kann in der Situation der Trauer tragen.

Die kirchliche Bestattung ist aber nicht nur Ritual, sondern ein christlicher Gottesdienst. Gebete, Lesungen, Lieder und Predigt deuten und gestalten das Ritual in der Perspektive des christlichen Glaubens. Sie helfen zu klagen über das, was schmerzt, und zu danken für das, was gut war. Es wird von Gott gesprochen, der am Anfang und am Ende eines Lebens steht. Die Bestattung ist darum nicht nur eine private Abschiedsfeier, sondern ein öffentlicher Gottesdienst. Nicht nur die Angehörigen, sondern auch Freunde, Bekannte und weitere Trauergäste geben dem Verstorbenen die Würde eines öffentlichen Abschieds.

Die Ansprache

Eine christliche Traueransprache bezieht sich immer auf einen biblischen Text. Damit stellt sie das Leben des Verstorbenen in einen größeren Zusammenhang; es ist auch ein Leben, das er oder sie mit Gott geführt hat.

Jeder Mensch hat eine eigene Geschichte, die erzählt werden kann. De mortuis nihil nisi bene (»Über Tote soll man nicht schlecht reden«)? Zu jedem Menschenleben gehören Sonnen- und Schattenseiten; je aufrichtiger von dem Verstorbenen geredet wird, desto mehr wird er in seiner Person gewürdigt. Das Leben des Verstorbenen wird nicht aufgrund sozialer Konventionen schöngeredet, sondern in das Licht der Gnade Gottes gestellt, in der menschliches Leben angenommen und zurechtgerückt wird. »Du musst doch Gott lassen Gott sein, dass er wisse mehr von dir als du selbst.« (Martin Luther)

Eine christliche Traueransprache weiß aber auch von einer Hoffnung für den Verstorbenen, die über seinen Tod hinausreicht. Niemand hat sein Leben fern von Gott gelebt. Diese Gottesbeziehung, so hoffen wir, wird auch über den Tod hinaus Bestand haben.

Eine christliche Begräbnispredigt muss mehr sein als schöne Worte, darf nicht in frommes Gerede ausarten, sollte Schwieriges nicht übergehen, aber offen lassen, was zum Geheimnis eines Menschen gehört. Sie spricht nicht das letzte Wort über einen Verstorbenen, das steht uns Menschen nicht zu.

Die Musik

Die Wünsche des Verstorbenen und der Angehörigen bestimmen, falls vorhanden, das musikalische Programm einer Trauerfeier. Manchmal haben Angehörige schon genaue Vorstellungen, oft sind sie aber auch für Beratung dankbar.

Musik kann tröstlich wirken, wenn sie nicht als fremd empfunden wird, sondern Angehörige und Trauergäste einen persönlichen Bezug zu ihr haben. Es sollten daher besser keine Musikstücke ausgewählt werden, die den Anwesenden vergleichsweise unbekannt sind. Nicht selten habe ich erlebt, dass bei der Bestattung das Lieblingslied des Verstorbenen »eingespielt« wurde, das aber die Mehrzahl der Anwesenden als fremd und unpassend empfand.

Wann immer möglich, sollten im Trauergottesdienst Lieder vorkommen, die von allen gemeinsam gesungen werden können (»Befiehl du deine Wege«, »Von guten Mächten«, »Wer nur den lieben Gott lässt walten«, »Wenn ich einmal soll scheiden«, »Großer Gott, wir loben dich« usw.). Das gemeinsame Singen kann die Erfahrung vermitteln, in einer Gemeinschaft getragen zu sein.

Der Segen

Die Trauerfeier in der Kirche oder Friedhofskapelle wird mit dem Segenswort aus dem 121. Psalm beschlossen: »Der HERR behüte deinen Ausgang und deinen Eingang von nun an bis in Ewigkeit.« Gemeint ist der Ausgang aus dieser Welt und der Eingang in die Welt Gottes. Auf diesem Weg steht der Verstorbene unter dem Schutz Gottes. Das ist in der Trauerfeier ein Moment friedlicher Stille und großer Würde. Die Anwesenden nehmen Abschied von dem Verstorbenen, der uns verlässt und zu Gott heimkehrt.

Der Gang zum Grab

Nach der Trauerfeier begleitet die Trauergemeinde den Verstorbenen auf dem Weg zu seiner letzten Ruhestätte. Es ist ein Akt der Solidarität. Die Glocken läuten, die Gemeinde nimmt Abschied, der Verstorbene ist auf seinem letzten Weg nicht allein.

Wenn der Sarg oder die Urne in das Grab gesenkt werden, wird der Verstorbene in die Hände Gottes gelegt und der Gnade Gottes anbefohlen. Das löst nicht die Probleme des Sterbens oder die Rätsel einer Lebensgeschichte, doch sie werden Gott übergeben, bei dem sie aufgehoben sind.

Als besonders tröstlich wird oft das gemeinsame Vaterunser am Grab empfunden. Das Vaterunser ist das christliche Grundgebet. Es verbindet alle christlichen Konfessionen. In Deutschland gehört es zum christlichen Restbestand einer tendenziell nachchristlichen Gesellschaft. Wird es am Grabe gebetet, so stimmen auch die mit ein, die schon seit Jahren keinen Gottesdienst mehr besucht haben.

Für die Angehörigen ist es oft auch tröstlich zu sehen, wer alles gekommen ist, um dem Verstorbenen das letzte Geleit zu geben. Am Grab zusammenzustehen, alte Bekannte oder Arbeitskollegen wiederzusehen, die Anteilnahme vieler Menschen zu spüren, hilft auch, die eigene Trauer zu bestehen. Gemeinschaft tröstet – eine Trauerfeier sollte möglichst öffentlich sein.

Manche Angehörige möchten Beileidskundgebungen am Grab und ein anschließendes gemeinsames Kaffeetrinken vermeiden. Und doch ist dieser Weg wichtig. Er führt vom Grab zurück ins Leben – auch über die gemeinsame Mahlzeit mit Menschen, die einem näher oder ferner stehen.

Das Gedenken der Gemeinde

Am Sonntag nach der Beisetzung werden die Angehörigen zu einem Gemeindegottesdienst eingeladen, in dem für den verstorbenen Menschen und diejenigen, die um ihn trauern, gebetet wird. Dass in diesem Gottesdienst ein letztes Mal der Name des Verstorbenen öffentlich genannt, für ihn gebetet und eine Kerze angezündet wird, kann für Trauernde von großer Bedeutung sein. Eine Gemeinde erweist sich hier auch als Trostgemeinschaft, in der niemand stillschweigend vergessen wird.

Nach dem Gottesdienst wird man oft noch auf den Verstorbenen angesprochen, man muss noch einmal erzählen, Erinnerungen werden ausgetauscht. Das markiert auch einen Phasenwechsel: Man hat alles, was zur Bestattung gehört, gut bewältigt; jetzt kann man daran gehen, die Danksagungen zu schreiben.

15. Trost und Musik

Im Alten Testament wird erzählt, dass Saul, der erste König Israels, an Depressionen litt. Die Bibel spricht von einem »bösen Geist«, der den König oft quälte. Die Mitglieder seines Hofstaates wissen ein Mittel, ihm zu helfen: Die Musik soll ihn trösten. »Da sagten seine Leute zu Saul: Du weißt selbst, dass ein böser Geist dich heimsucht. Sollen wir uns nicht nach einem Mann umsehen, der die Leier zu spielen versteht? Wenn dann der böse Geist über dich kommt, kannst du dir etwas vorspielen lassen; das wird dich aufmuntern.«

Saul ist einverstanden und einer seiner Ratgeber weiß auch, wer als Musiktherapeut in Frage kommen könnte: »Ich habe einen Sohn des Bethlehemiten Isai gesehen, der versteht es, auf der Leier zu spielen, ist tapfer, redegewandt, gut aussehend und der HERR ist mit ihm.« Und so kommt David an den Hof Sauls. »Sooft nun der böse Geist über Saul kam, nahm David die Leier, griff mit seiner Hand in die Saiten und Saul wurde es leichter. Der böse Geist wich von ihm.« (1. Samuel 16,14-23)

Ein früher Fall von Musiktherapie. Doch während die Musiktherapie heute eher wohltuend und heilend auf den Patienten einwirken soll, ging man damals davon aus, dass die Musik magische Kraft auf »böse Geister« ausüben und sie vertreiben könne.

Martin Luther

Auch Martin Luther war davon überzeugt, dass die Musik »den Dämonen verhasst und unerträglich« sei. Lapidar stellt er in einer kurzen Aufzählung über die Vorzüge der Musik fest: »Sie ist 1. Ein Geschenk Gottes und nicht der Menschen; 2. Sie macht fröhliche Herzen; 3. Sie verjagt den Teufel.« Der für den schwermütigen König Saul die Leier spielende David ist für Luther ein schlagendes Beispiel dafür, dass

Musik die vom Teufel eingegebenen bösen Gefühle und Gedanken vertreiben kann. Die Musik ist für Luther geradezu das beste Heilmittel gegen Schwermut und Depression. Aufschlussreich sind hier die etwa 100 seelsorgerlichen Trostbriefe, die Luther an bekannte und unbekannte Personen seiner Zeit geschrieben hat. »Es ist doch ja die Einsamkeit oder Schwermut allen Menschen eitel Gift und Tod, sonderlich einem jungen Menschen«, schreibt Luther an den schwermütigen Fürsten Joachim von Anhalt. Wie kann man aber einen depressiven Menschen erreichen, der tief im Inneren von der Schwermut regiert wird und für Predigten wenig empfänglich ist? Traurigkeit muss nach Luther praktisch bekämpft werden. Dem Freyberger Kantor Matthias Weller, der wie sein Bruder Hieronymus an Depressionen litt, empfiehlt Luther in einem Trostbrief vom 7.11.1534 darum, ausgiebig zu musizieren:

»Weil denn Gott will, dass einer den anderen trösten und ein jeglicher dem Trost glauben soll, so lasst Eure Gedanken fahren und wisst, dass Euch der Teufel damit plagt, der nicht leiden kann, dass wir einen fröhlichen Gedanken haben ...

Darum, wenn Ihr traurig seid, und es will überhand nehmen, so sprecht: Auf! Ich muss meinem Herrn Christus ein Lied machen auf dem Regal – etwa ›Te Deum laudamus‹ –, denn die Schrift lehrt mich, er höre gern fröhlichen Gesang und Saitenspiel. Und greift frisch in die claves (Tasten) und singet drein, bis die Gedanken vergehen, wie es David und Elisäus taten. Kommt der Teufel und gibt Euch Eure Sorgen oder Gedanken ein, so wehret Euch frisch und sprecht: Aus, Teufel; ich muss jetzt meinem Herrn Christus singen und spielen.«

Musik kann nach Luther trösten, weil sie nicht nur den Intellekt, sondern die Gefühle anspricht und so den Menschen in seinem Innersten erreicht. Sie ist mehr als bloße Beschäftigungstherapie, sondern eine heilsame Kraft, die in das Gemüt des Menschen hineinwirken und ihn verändern kann. »Die Musik ist der beste Balsam, um das Herz derer, die leiden, zu beruhigen und zu beleben ... Wer singen kann, überlässt sich nicht der Unlust und Traurigkeit; er ist fröhlich und vertreibt seine Mühsal durch Lieder«, schreibt Luther, der selbst ein ausgezeichneter Lautenspieler war, abends oft mit Hausgenossen und Gästen musiziert hat und mit 34 eigenen Liedern den Anstoß zur Entwicklung evangelischer Kirchenlieder gab.

Johann Sebastian Bach

Als Johann Sebastian Bach zehn Jahre alt war, starb sein Vater. Ein Jahr vorher war seine Mutter gestorben. Schon vorher hatte Johann Sebastian zwei Geschwister verloren. Als Waisenkind wuchs er bei seinem älteren Bruder Johann Christoph auf. Zwei der sechs Kinder aus der Ehe mit seiner Cousine Maria Barbara sterben früh. Im Sommer 1720, als Bach mit seinem Köthener Fürsten auf Reisen ist, stirbt überraschend seine Frau. Als er von der Dienstreise zurückkehrt, findet er sie bereits begraben. Bach heiratet erneut, die Sängerin Anna Magdalena Wilcke. Er wird Thomaskantor in Leipzig, es folgen einige ruhige Jahre voller Arbeit und mit großen Erfolgen. Doch dann wird das Ehepaar Bach erneut von großem Kummer heimgesucht: Von 1726 bis 1739 sterben neun Familienangehörige. Von den insgesamt 20 Kindern aus zwei Ehen sterben 11 zu Lebzeiten Bachs.

Wie ist Bach mit diesen Verlusten fertig geworden? Was hat ihn getröstet? Wir wissen nur wenig über den Menschen Johann Sebastian Bach; ich kann mir aber nicht vorstellen, dass diese traumatischen Erlebnisse in den Werken Bachs keine Spuren hinterlassen haben.

Schon mit 22 Jahren hat Johann Sebastian Bach mit der Kantate »Gottes Zeit ist die allerbeste Zeit« (BWV 106), auch bekannt als »actus tragicus«, ein frühes Meisterwerk geschaffen. Das Werk entstand vermutlich 1707 zum Gedenken an Bachs Onkel Tobias Lämmerhirt. Es beginnt mit einer langsamen Sonatina, wobei Blockflöten, Gamben und Continuo eine stille Trauermusik intonieren, die ich, seitdem ich sie als 17-Jähriger zum ersten Mal im Musikunterricht gehört habe, nicht mehr vergessen habe. Der musikalische Aufbau der Kantate folgt symmetrisch der Abfolge von »altem und neuem Bund«. In den beiden ersten Sätzen wird der Ernst des Sterbenmüssens beschworen: »Bestelle dein Haus, denn du wirst sterben und nicht lebendig bleiben.« In den beiden folgenden Sätzen wird der Trost des Evangeliums verkündet: Auf die Zusage Christi »Heute wirst du mit mir im Paradies sein« antwortet die Altstimme: »Mit Fried und Freud ich fahr dahin in Gottes Willen. Getrost ist mir mein Herz und Sinn, sanft und stille, wie Gott mir verheißen hat, der Tod ist mein Schlaf worden.«

Was Bach in dieser frühen Kantate bietet, »ist Lebenshilfe aus der Tradition der christlichen Sterbekunst« (Michael Heymel). Wie war ein 22-Jähriger zu einer solchen kunstvollen Musik fähig? Für den Bach-Kantatenforscher Alfred Dürr ist der »actus tragicus« ein »Geniewerk, wie es auch großen Meistern nur selten gelingt«, in dem Bach aber auch frühe Erfahrungen mit Sterben, Tod, Trauer und Trost verarbeitet haben dürfte.

Sechs Jahre später, 1713, entstand die Kantate »Ich hatte viel Bekümmernis« (BWV 21), die Bach mehrmals und wohl nicht zufällig auch 1720 nach dem Tod seiner ersten Frau aufgeführt hat. Zentrales Thema dieser musikalisch eindrucksvollen Kantate ist der Weg der Seele von tiefem Leid zur himmlischen Freude. Sie beginnt mit einer berührenden Sinfonia, die als Dialog zwischen Oboe und Violine gestaltet ist. Unvermittelt setzt dann der Chorsatz ein: »Ich hatte viel Bekümmernis in meinem Herzen«, was 27-mal variierend wiederholt wird, um dann von einem tiefen und betonten »aber« abgelöst zu werden: »aber – deine Tröstungen erquicken meine Seele«. Es folgen bewegende Klagen alttestamentlichen Ausmaßes – gesungen von Sopran und Tenor, begleitet von der Oboe: »Wie hast du dich, mein Gott, in meiner Not, in meiner Furcht und Zagen denn ganz von mir gewandt? Ach! Kennst du nicht dein Kind? Ach! Hörst du nicht das Klagen von denen, die dir sind mit Bund und Treu verwandt?«

Der zweite Teil der Kantate wurde nach der Predigt aufgeführt. Er beginnt mit einem einfühlsamen Dialog zwischen der Seele und Jesus: »Ach Jesu, meine Ruh, mein Licht, wo bleibst du? – Oh Seele, sieh! Ich bin bei dir. – Bei mir? Hier ist ja lauter Nacht. – Ich bin dein treuer Freund, der auch im Dunkeln wacht ...« Im folgenden Chorsatz greift Bach auf zwei Strophen aus Georg Neumarks »Wer nur den lieben Gott lässt walten« zurück – ein Lied, das er mehrfach in seinen Kompositionen aufgenommen und das ihm wohl viel bedeutet hat.

Der erst 28-jährige Bach kannte sich wahrlich mit »Bekümmernissen« aus, aber er kannte sich auch gut mit den biblischen Texten aus, die er, wie seine Bibliothek erkennen lässt, mit geradezu wissenschaftlichem Interesse zu erfahren und theologisch zu durchdringen suchte.

Bachs Kantaten waren gesungene Predigten, in denen Bibelverse, poetische Texte, Arien, kleine Sinfonien und bekannte Choräle musikalisch so meisterhaft verknüpft waren, dass sie die Hörer ergreifen und innerlich bewegen konnten.

Tröstlich wirken nicht nur Bachs Kantaten und Passionen, Choräle und Orgelwerke, sondern auch seine »weltlichen« Werke – die Goldberg-Variationen, das Wohltemperierte Klavier, die Violinsonaten, die Cembalo-Konzerte oder die Kunst der Fuge. Bachs Musik tröstet, weil sie vollkommen wirkt.

Das Vollkommene kann wie das wirklich Schöne trösten – in der Musik, Kunst oder auch in der Natur –, weil wir hier wiederfinden, was uns im Leid verloren zu gehen droht: dass die Welt in Ordnung ist und sich freundlich zeigt.

Keines der mehr als tausend Werke Bachs scheint eher misslungen oder von geringerer Qualität. In allen Musikgattungen hat Bach Meisterwerke geschaffen.

Vermutlich hat Bachs Streben nach musikalischer Vollkommenheit einen tieferen Hintergrund. Bach wollte mit seiner Musik auch die göttliche Harmonie und Weisheit in der Welt zu Gehör bringen. Er verstand seine Musik auch als eine Art »musikalischen Gottesbeweis« (Jörg Lauster). »Aller Music Finis und End Uhrsache« sah er darin, sie solle »anders nicht als nur zu Gottes Ehre und Recreation des Gemüths seyn«. Es war daher keine bloße Floskel, wenn Bach unter alle seine Partituren die Worte setzte: Soli Deo Gloria (»Gott allein die Ehre«).

Johannes Brahms

Der Tod der Mutter gab wahrscheinlich den entscheidenden Anstoß für die Vollendung des »Deutschen Requiems« von Johannes Brahms. Einzelne Teile des Werkes lagen schon vorher fertig komponiert vor. Der sensible Brahms hatte sich schon frühzeitig mit den letzten Dingen, mit dem Sinn von Leben und Tod auseinandergesetzt. Das Requiem steht darum nicht nur im Zusammenhang mit dem Erlebnis des Todes zweier nahestehender Menschen, der von Brahms sehr geliebten Mutter und seines Förderers Robert Schumann; es ist auch seine persönliche Antwort auf die Fragen nach Leid, Vergänglichkeit und Trost, die ihn schon lange beschäftigten.

Das Requiem orientiert sich aber nicht an der traditionellen katholischen Totenmesse, die klassischen liturgischen Texte (Kyrie, Gloria, Agnus Dei usw.) werden nicht berücksichtigt und es wird auch nicht für die Toten gebetet.

Brahms wendet sich an die Lebenden, an den trauernden, Leid tragenden Menschen. Trost ist die große Überschrift des »Deutschen Requiems«, schon der erste Satz gibt das Thema vor:

»Selig sind, die da Leid tragen, denn sie sollen getröstet werden.« Brahms will eine Trauermusik für alle Menschen komponieren, jenseits kirchlicher und konfessioneller Unterschiede. Alle Trauernden sollen sich darin wiederfinden können. Seit der Uraufführung vor fast 150 Jahren wird immer wieder darüber diskutiert, ob Brahms' Requiem eine kirchliche, eine christliche oder eine human-religiöse Musik ist. Es ist kein liturgisches Werk, mehr für den Konzertsaal als für die Kirche bestimmt, es verkündet keine kirchliche Lehre, aber es bietet Lebensdeutung aus einem ganz persönlich verstandenen christlichen Glauben.

Von der religiösen Skepsis seiner Epoche ist Brahms nicht unbeeinflusst geblieben. Er war ein kirchendistanzierter Protestant, der aber nach eigenem Geständnis jeden Tag in der Bibel las. Textliche Grundlage seines Requiems war allein die Bibel. Brahms hat selber 16 biblische Texte aus dem Alten und Neuen Testament für sein Requiem ausgewählt und in eine theologisch und poetisch überzeugende Reihenfolge gebracht.

Besonders eindringlich sind gleich die beiden ersten Sätze, die von tiefen Streichern getragene Seligpreisung »Selig sind, die da Leid tragen, denn sie sollen getröstet werden« und der suggestive Trauermarsch »Denn alles Fleisch, es ist wie Gras«, in dem die Vergänglichkeit allen Lebens beschworen wird. Es bleibt aber nicht bei der düsteren Grundstimmung, sie wird in den folgenden Sätzen von Gedanken des Trostes und von der Hoffnung auf die Auferstehung überwunden, die im sechsten Satz vom Solo- Bariton als ein »Geheimnis« angekündigt wird.

Im Gedenken an die verstorbene Mutter hat Brahms zu den ursprünglich sechs Sätzen des Requiems einen siebten hinzugefügt, ein geradezu überirdisch schönes Sopran-Solo – für viele die schönste Stelle im Requiem: »Ihr habt nun Traurigkeit; aber ich will euch wiedersehen, und euer Herz soll sich freuen, und eure Freude soll niemand von euch nehmen.«

Das sagt Jesus in den Abschiedsreden des Johannesevangeliums. Der Name Christi kommt zwar, wie immer wieder angemerkt worden ist, im Requiem nicht vor, an dieser Stelle lässt Brahms Jesus dafür selbst zu Wort kommen. Der Trostcharakter des Requiems ist an dieser Stelle vielleicht am stärksten zu spüren.

Das »Deutsche Requiem« von Johannes Brahms wurde am Karfreitag 1868 vor 2.000 Menschen im Dom in Bremen uraufgeführt. Unter den Zuhörern war auch Brahms' Freundin Clara Schumann. Sie notiert in ihrem Tagebuch: »Mich hat dieses Requiem ergriffen wie noch nie eine Kirchenmusik.«

Es folgen 20 weitere Aufführungen in Deutschland, in den Jahren darauf auch in Europa. Heute gehört »Ein deutsches Requiem« von Johannes Brahms zu den meist aufgeführten Chorwerken der Musikgeschichte. Es vermag ganz unterschiedliche Menschen anzusprechen – kirchennahe, kirchenferne und nicht-religiöse Menschen. Wie kaum ein anderes musikalisches Werk wird das Requiem von Brahms von vielen Menschen als eine wirklich tröstliche Musik erlebt.

Singen im Chor

Deutschland ist das »gelobte Land« der Chormusik. Mehr als vier Millionen Menschen, etwa fünf Prozent der Bevölkerung singen in einem Chor. Die Bandbreite der Chöre ist groß, sie reicht vom Männergesangsverein bis zum jugendlichen Gospelchor, vom traditionellen Kirchenchor bis zum Schul- und Werkschor. Viele Chöre gehören keinem Verband oder einer Organisation an, die wirkliche Zahl der Chöre in Deutschland lässt sich daher nur schätzen. Sie dürfte aber über 60.000 liegen.

Chorsingen ist in den letzten Jahren ein Trend und eine Massenbewegung geworden. Der britische Stardirigent Simon Halsey, Leiter des Rundfunkchores Berlin, antwortete auf die Frage nach den Gründen: »Es gibt tatsächlich weltweit eine Renaissance der Chormusik. Das liegt daran, dass Chorsingen ›social‹ ist. Die Leute wollen zusammen sein und etwas gemeinsam tun. Nicht nur die ganze Zeit allein hinterm Computer sitzen ... Man kann im Chor singen, ohne zuerst fünf Jahre Unterricht zu nehmen.«

Zusammen singen macht glücklich. Wie verschiedene Untersuchungen gezeigt haben, steigert das gemeinsame Singen das persönliche Wohlbefinden. Mehr als 90 Prozent der befragten Chormitglieder gaben bei einer Befragung der Universität Oldenburg an, sie fühlten sich durch die Proben beschwingt und vom Stress des Alltags entspannt. Durch das Singen bringe man sich in eine gute Stimmung und gewinne eine positive Einstellung zum Leben.

Die Fernsehmoderatorin Anke Engelke machte vor drei Jahren die Probe aufs Exempel. Sie gründete im Rahmen der ARD-Themenwoche »Glück« einen »Chor der Muffligen«, an dem Menschen teilnehmen durften, die nach eigener Aussage eher unglücklich oder trübsinnig waren. Der Chor probte wöchentlich und trat nach drei Monaten unter professioneller Anleitung vor großem Publikum in der Kölner Philharmonie auf. Das Projekt wurde begleitet vom Musikwissenschaftler Günter Kreutz, der nachweisen konnte, dass die Glückshormone (Oxytocin) im Speichel der Sängerinnen und Sänger während der Probezeit messbar angestiegen waren.

In einer weiteren Vergleichsstudie mit erfahrenen Chorsängern – die einen sangen das Requiem von Mozart, die anderen hörten es als CD-Aufnahme – hatte Kreutz schon zuvor zeigen können, dass aktives Singen »die Produktion des Stoffes Immuglobin A im Speichel fördert. Das ist der Stoff, der die oberen Atemwege schützt.«

Singen ist gesund, es stärkt die Abwehrkräfte. Untersuchungen mit singenden und nicht singenden Menschen belegen, dass singende in der Regel ausgeglichener und belastbarer sind. Dass Singen heilsam ist, wussten schon die alten Griechen, die den Gesang in der Musiktherapie einsetzten.

Singen kann Leid nicht verhindern, aber Singen ist elementarer Ausdruck für Gefühle und kann darum dem Kummer wie der Hoffnung Sprache geben. Beim Singen überlassen wir uns dem Rhythmus und den Harmonien einer Melodie. Dabei spüren oder ahnen wir, dass es eine Ordnung in der Welt gibt, die uns vorgegeben ist und uns trägt. »Jedes Singen enthält eine Transzendierungstendenz.« (Manfred Josuttis)

»Wenn man zusammen singt, ist es schwierig, sich dabei depressiv zu fühlen«, urteilt die Komponistin Johanna Seiler. Wie eine Studie der schwedischen Universität Göteborg belegt, passen Chormitglieder während des gemeinsamen Singens sogar ihre Herzfrequenzen einander an. Wer mit anderen singt, muss sich auf die anderen einstellen und versuchen, mit ihnen in Resonanz zu kommen. Gemeinsames Singen verstärkt darum soziale Bindungen und wirkt sich fast immer auf das Gemeinschaftsgefühl aus. Für viele ist der Chor auch ein Stück Heimat. Man singt nicht nur zusammen, sondern feiert auch und stützt sich gegenseitig in den Belastungen und Widrigkeiten des Lebens.

Trost und Humor   16.

Kein Tier vermag sich lachend zu zeigen,
ob es nun kräht, quakt, miaut oder bellt –
das Lachen ist nur dem Menschen eigen
und deshalb nicht von dieser Welt ...

HEINZ ERHARDT

Auch wenn Menschenaffen, wie wir aus Untersuchungen wissen, unter bestimmten Umständen lachen können, ist der Humor doch letztlich eine zutiefst menschliche Qualität: die Fähigkeit, über sich selbst zu lachen, die Lebenswidrigkeiten mit Distanz zu sehen und sie so erträglich zu machen. »Zwei alte Männer auf der Bank: ›Vergesslich ist, wer die Hose nach dem Pinkeln nicht zumacht.‹ – ›Und dement, wer sie vorher nicht aufmacht.‹« »Humor ist« nach der bekannten Definition von Otto Julius Bierbaum, »wenn man trotzdem lacht«. Man kann lächeln, obwohl es zum Weinen ist. »Ein sterbenskranker Familienvater zum ambulanten Hospizdienst: ›Ich bilde jetzt meine Angehörigen zu Hinterbliebenen aus.‹« Mit Humor betrachten wir die schmerzlichen Dinge des Lebens wie durch ein umgedrehtes Fernrohr (Jean Paul) – und gewinnen dadurch heilsame Distanz. Die Not wird relativiert. Was jetzt so übermächtig zu sein scheint, ist nicht die ganze Wahrheit. »Ein Patient fragt seinen Arzt: ›Wie lange habe ich wohl noch zu leben?‹ – Der Arzt: ›Bald ewig.‹« Der Wiener Psychologe Viktor Frankl betont, »dass der Humor wie sonst kaum etwas im menschlichen Dasein geeignet ist, Distanz zu schaffen und sich über die Situation zu stellen, wenn auch nur für Sekunden«.

Humor ist dabei mehr als Spaß und Jux, mehr auch als Witz und Komik. Humor wird aus der Not geboren. Er entwickelt sich meist erst in der Auseinandersetzung mit dem eigenen Schicksal. »Die unsichtbare Quelle des Humors liegt nicht in der Freude, sondern in der Traurigkeit. Im Paradies gibt es keinen Humor«, vermutet Mark Twain.

Nicht zufällig ist der Humor daher seit je dort ein großes Thema, wo Menschen leiden: in Krankenhäusern und auf Hospizstationen, bei Todesfällen und auch in Zeiten politischer Unterdrückung. Der Humor hat seinen eigentlichen Platz in der Trauer. Oft habe ich bei Trauergesprächen vor einer Beerdigung erlebt, dass die Angehörigen auch immer wieder komische Begebenheiten aus dem Leben des Verstorbenen berichteten oder von den Umständen seines Todes mit einer Prise Humor erzählten. Der Humor löscht realen Kummer nicht aus, aber er macht ihn erträglich.

»Eine sterbenskranke Patientin reagiert auf die Nachrichten über den verheerenden Tsunami in Japan: ›O Gott, jetzt komme ich da oben an mit Tausenden von Japanern. Ich kann doch gar kein Japanisch.‹«

Den Zusammenhang von Humor und Trauer bzw. Leid kann man in besonderer Weise am berühmten jüdischen Humor studieren. Ausgerechnet das Volk, das jahrhundertelang die schrecklichsten Verfolgungen und Demütigungen bewältigen musste, ist bekannt für seinen Witz, für seinen Humor. »Die jiddische Kultur hat ... ein Gefühl für komische Widersprüchlichkeit ausgebildet, das wahrscheinlich seinesgleichen sucht. Der Widerspruch klafft zwischen der grandiosen Bestimmung des jüdischen Volkes, wie sie die Religion lehrte, und den elenden Zuständen, in denen die Juden in der wirklichen Welt Osteuropas lebten.«[1] »Du hast uns auserwählt unter den Völkern – aber warum hast du dir ausgerechnet die Juden ausgesucht?« Humor kann ein Überlebensmittel sein. »Wem das Wasser bis zum Hals steht, der sollte den Kopf nicht hängenlassen!«

Im Unterschied zum Judentum hat das Christentum bis heute weithin das Image, eine Religion zu sein, in der es nicht viel zu lachen gibt. In der Tat war das Lachen bei den frühen Christen eher verpönt. In diesem Leben dürfe der Christ nicht lachen, im kommenden gebe es dafür umso mehr Anlass zur Freude. Das war auch die Ansicht des alten Kirchenvaters Johannes Chrysostomus, zu Deutsch: Johannes Goldmund, der so hieß, weil er so herzergreifend predigen konnte.

In einer Predigt bewies er wieder einmal eindringlich, dass der Christ, der mit seinem Herrn gekreuzigt sei, niemals lachen dürfe, sondern ständig weinen müsse – woraufhin einige Zuhörer lachten und ihm zuriefen: »Wir wollen Tränen sehen!« So widerlegen sich die Eiferer Gott sei Dank immer wieder selbst.

Das Evangelium ist eine »Freudenbotschaft« – so heißt es auf Deutsch –, etwas zum Lachen und Lustigsein. Mir fällt immer wieder auf, dass unsere christlichen Fanatiker so erschreckend humorlos sind. Es gibt ja welche in der Kirche, die ganz genau wissen, wie der Weg aussieht, der zum Himmel führt. Sie können, das ist mein Eindruck, meist nicht über sich selbst lachen.

Humor haben heißt: sich selbst nicht so furchtbar ernst nehmen. Insofern hat der Humor etwas mit dem Glauben zu tun. Denn wer Humor hat, weiß um die Unzulänglichkeiten dieser Welt – aber sieht darin keinen Grund zur Verzweiflung. Man kann lachen – über sich selbst, auch über andere, über die Dummheit in der Welt, über menschliche Schwächen oder die Allüren der Mächtigen.

Humor ist auch ein Trost. Ich kann lachen und muss nicht weinen – weil ich letztlich weiß oder ahne, dass es noch eine andere Wahrheit gibt als die menschliche Dummheit, noch eine andere Güte als die menschlichen Unzulänglichkeiten.

> Ich bin vergnügt, erlöst, befreit,
> Gott nahm in seine Hände meine Zeit.
> Mein Fühlen, Denken, Hören, Sagen,
> mein Triumphieren und Verzagen,
> das Elend und die Zärtlichkeit.
>
> Was macht, dass ich so fröhlich bin
> in meinem kleinen Reich?
> Ich sing und tanze her und hin
> vom Kindbett bis zur Leich.

Was macht, dass ich so furchtlos bin,
an vielen dunklen Tagen?
Es kommt ein Geist in meinen Sinn,
will mich durchs Leben tragen.

Was macht, dass ich so unbeschwert
und mich kein Trübsinn hält?
Weil mich mein Gott das Lachen lehrt,
wohl über alle Welt.

Hanns Dieter Hüsch

Der Kabarettist Hanns Dieter Hüsch verstand es wie kaum ein anderer, mit Humor zu trösten: »Ich bin ein fahrender Poet, ein Gedankengänger und ein Glückskind. Ich kann aus Trauer Trost machen, aus Schmerzen Heiterkeit, aus Zorn Zärtlichkeit, aus Feinden Freunde und aus Weinen Lachen. Wie ich das mache, weiß ich nicht, das weiß nur der liebe Gott. Ich bin ein altes Kind und träume immer noch von der großen Liebe unter den Menschen und allen ein Wohlgefallen auf Erden und im Himmel.«[2]

Hüsch, ein genauer und freundlicher Beobachter der kleinen, merkwürdigen Dinge des alltäglichen Lebens, wollte mit seinen großen und kleinen Geschichten, in denen wir uns fast immer wiedererkennen können, »den Leuten Freude und Hoffnung machen, vielleicht sogar ein bisschen Trost spenden«. Mit scheinbar leichter Hand konnte er das Heitere und das Traurige, das Witzige und Nachdenkliche, das Komische und das Tragische zusammenhalten und dabei »das Schwere leicht sagen«:

Wir alle sind in Gottes Hand
und jeder Mensch in jedem Land,
wir kommen und wir gehen,
wir singen und wir grüßen,
wir beten und wir büßen,
wir weinen und wir lachen,
Gott will uns fröhlich machen.

Wir alle haben unsere Zeit,
Gott hält die Sanduhr stets bereit,
wir blühen und verwelken,
vom Kopf bis zu den Füßen,
wir packen unsere Sachen,
wir beten und wir büßen,
Gott wird uns leichter machen.

Wir alle haben unser Los
und sind getrost auf Gottes Floß,
die Welt entlang gefahren,
auf Meeren und auf Flüssen,
die Starken mit den Schwachen,
zu beten und zu büßen,
Gott will uns schöner machen.

Wir alle bleiben Gottes Kind,
auch wenn wir schon erwachsen sind.
Wir werden immer kleiner,
bis wir am Ende wissen,
vom Mund bis zu den Zehen,
wenn wir gen Himmel müssen,
Gott will uns heiter sehen.
HANNS DIETER HÜSCH

Anmerkungen

Kapitel 1. Erfahrungen mit dem Thema Trost

1   D. Tausch-Flammer/L. Bickel, Die Zeit der Trauer, Freiburg i.Br. 1996, 9

Kapitel 2. Was ist Trost?

1   G.D. Borasio, Über das Sterben, München 2012, 86f.
2   Zit. nach P. Schneider, Sigmund Freud, München 1999, 139
3   Dietrich Bonhoeffer, DBW 8, 255
4   In: T.R. Peters/C. Urban (Hg.), Über den Trost, Ostfildern 2008, 52
5   H. von Hentig, Trost versus Tröstung, in: T.R. Peters/C. Urban (Hg.), Über den Trost, Ostfildern 2008, 12
6   Chr. Schneider-Harpprecht, Trost in der Seelsorge, Stuttgart/Berlin/Köln 1989, 9
7   W. Schmid, Dem Leben Sinn geben, Berlin 2013, 430
8   F.-J. Wetz, Die Magie der Musik. Warum uns Töne trösten, Stuttgart 2004, 117

Kapitel 3. Jeder braucht Trost

1   Über das Sterben, München 2011, 87
2   S. Freud, Das Unbehagen in der Kultur, in: Fi Tb 47, Frankfurt a.M. 1953, 73
3   Ebd., 75
4   S. Freud, Die Zukunft einer Illusion, in: Studienausgabe Bd. IX, Frankfurt a.M. 1974, 183
5   Betrogene Kinder. Eine Sozialgeschichte der Kindheit, Frankfurt a.M. 1978
6   Zit. bei G. Schneider-Flume, Leben ist kostbar, Göttingen 2002, 85f.

7	S. Lenz, Über den Schmerz, in: Werkausgabe Bd. 20 (Essays 2), 409f.
8	R. Sörries, Herzliches Beileid, Darmstadt 2012, 235
9	R. Sörries, ebd., 10
10	Zeitzeichen 11/2013, 39
11	G.D. Borasio, Über das Sterben, München 2011, 87
12	J. Moltmann, Im Ende – der Anfang, Gütersloh 2004, 14
13	P. Noll, Diktate über Sterben & Tod, München 1987, 115
14	P. Noll, ebd., 116
15	In: K.-J. Kuschel, Weil wir uns auf dieser Erde nicht ganz zu Hause fühlen, München 1985, 65
16	U. Wagner-Rau, »... viel tausend Weisen, zu retten aus dem Tod«, in: Pastoraltheologie (93), 2004, 2
17	Evangelische Kommentare 1999, 20

Kapitel 4. Trostmarkt

1	R. M. Rilke, Gegenüber dem Himmel. Die schönsten Gedichte, München 1997, 86
2	I. Karle, Das Streben nach Glück, in: H. Bedford-Strohm (Hg.), Glück-Seligkeit, Neukirchen-Vluyn 2014, 57
3	M. Kaléko, In meinen Träumen läutet es Sturm, München 1997, 129
4	S. Freud, Das Unbehagen in der Kultur, a.a.O., 73
5	K. Lammer, Ein Ritual zeigt mehr als 1.000 Worte, in: Leidfaden 1/2013, 6
6	K. Lammer, ebd., 5
7	H. Piontek, Eine Welt ohne Schmerz ist schlechte Utopie. In: Evangelische Kommentare 1973, 760

Kapitel 5. Der Trost der Freunde

1	F. Schirrmacher, Minimum, München 2006, 43f.
2	W. Schmid, Dem Leben Sinn geben, Berlin 2013, 44

Kapitel 6. Aufgefangen werden

1 D. Kurbjuweit, Unser effizientes Leben, Reinbek 2003, 138f.
2 A. Solschenizyn, Was geschieht mit der Seele während der Nacht?, München 2006, 53ff.

Kapitel 7. Der Alltag

1 D. Miller, Der Trost der Dinge, Berlin 2010
2 K. Nagorni, Geborgen wunderbar. Geschichten, die trösten, Ostfildern 2012, 49

Kapitel 8. Der Schlaf

1 Dieter E. Zimmer, in: Th. Sommer (Hg.), Leben in Deutschland, Reinbek 2006, 355

Kapitel 9. Die Natur

1 American Journal of Preventive Medicine 4/2001, 234ff.
2 FR 2./3.1.2016
3 H. Heine, Reisebilder, Frankfurt a.M. 1980, 26
4 H. Hesse, Freude am Garten, Frankfurt a.M. 2008, 133
5 Zit. nach: Das Inselbuch der Bäume, Frankfurt a.M. 1977, 279
6 A. Demandt, Über allen Wipfeln. Der Baum in der Kulturgeschichte, Weimar 2002, 17
7 In: M. Geier, Kants Welt. Eine Biographie, Reinbek 2005, 87

Kapitel 10. Können Bücher trösten?

1 M. de Montaigne, Essais III, 3, 70.72, Frankfurt a.M. 1998
2 H. Kurzke, Die kürzeste Geschichte der deutschen Literatur, München 2010, 184

3	Zit. in: G. Langenhorst, »Das Formulieren von Trostlosigkeit ist mein Trost.«, in: Diakonia 34 (2003), 392f.
4	R. Klüger, weiter leben, München 1994, 123f.
5	V. Frankl, Der Mensch vor der Frage nach dem Sinn. Eine Auswahl aus dem Gesamtwerk, München 1980, 13

Kapitel 11. Lerne leiden, ohne zu klagen – der Trost der Philosophie

1	Zit. nach Boethius, Trost der Philosophie (Hg. K. Flasch), München 2013, 91.117.147
2	Die Zit. nach: Ermutigungen. Das Insel-Buch der Tröstungen, Frankfurt a.M. 1988, 65f. 86. 91. 95. 102
3	L. Siep, Tröstliche Philosophie? In: T.R. Peters/C. Urban (Hg.), Über den Trost, Ostfildern 2008, 91
4	Zit. nach W. Weischedel, Die philosophische Hintertreppe, München 1975, 223
5	A. Schopenhauer, Parerga und Paralipomena II, Sämtl. Werke (Hg. A. Hübscher), Wiesbaden 1948, 6, 422
6	Th. Mann, Buddenbrooks, Berlin 1909, 630f.
7	A. Schopenhauer, Die Welt als Wille und Vorstellung I, Frankfurt a.M. 1886, Bd. I, 421
8	Ebd., 234
9	H. Blumenberg, Beschreibung des Menschen, Frankfurt a.M. 2006, 623
10	Ebd., 633
11	Ebd., 627
12	Ebd., 633
13	Ebd., 630
14	H. Blumenberg, Die Sorge geht über den Fluss, Frankfurt a.M. 1987, 153
15	Beschreibung des Menschen, a.a.O., 635
16	Ebd., 634
17	Ebd., 648

18 Ebd., 655
19 Ebd., 655
20 H. Blumenberg, Matthäuspassion, Frankfurt a.M. 1988, 236

Kapitel 12. »Lasst euch nicht vertrösten« – Trost und Religionskritik

1 L. Feuerbach, Das Wesen der Religion in: ders. Sämtliche Werke, Hg. von W. Bolin u. F. Jodl Bd. VIII, Stuttgart 1960/64, 360
2 K. Marx, Thesen über Feuerbach, in: I. Fetscher (Hg.), Marx-Engels Studienausgabe I, Frankfurt a.M. 1966, 141
3 K. Marx, Zur Kritik der Hegelschen Rechtsphilosophie, in: ebd., 17
4 Ebd., 17f.
5 Ebd., 18
6 H. Heine, Sämtliche Gedichte, Frankfurt a.M. 1993, 692, 694
7 H. Heine, Zur Geschichte der Religion und Philosophie in Deutschland, Stuttgart 1997, 152
8 Zit. nach H. Küng, Ewiges Leben?, München 1984, 255
9 F. Nietzsche, Die fröhliche Wissenschaft, zit. nach E. Biser, Nietzsche für Christen, Freiburg i.Br. 1983, 76f.
10 F. Nietzsche, Also sprach Zarathustra, Stuttgart 1964, 6
11 F. Nietzsche, Die Geburt der Tragödie, in: Werke in drei Bänden (Hg. K. Schlechta) Bd. I, München 1966, 18
12 S. Freud, s. S. 73
13 S. Freud, Die Zukunft einer Illusion, in: Studienausgabe IX, Frankfurt a.M. 1974, 164
14 Ebd., 182
15 H. Lübbe, Religion nach der Aufklärung, Graz/Wien/Köln 1986, 140
16 F. Waller, Alles ist nur Übergang, Tübingen 2011, 25
17 In: Skepsis in der Moderne, Stuttgart 2007, 49
18 L. Siep, Tröstliche Philosophie? In: T.R. Peters/C. Urban (Hg.), Über den Trost, Ostfildern 2008, 92

Kapitel 13. Sich nicht trösten lassen

1   Zit. nach: Dem Leben trauen. Deutsche Trost- und Mutgedichte vom Barock bis zur Gegenwart (hg. v. W. Flemmer), München 1984, 172

Kapitel 14. Der Trost des Glaubens

1   Zit. nach G. von Rad, Theologie des Alten Testaments I, München 1966, 412
2   K. Marti, O Gott! Essays und Meditationen, Stuttgart 1986, 88
3   R. Leuenberger, Trost im Verständnis des christlichen Glaubens, in: F. Böckle (Hg.), Christlicher Glaube in moderner Gesellschaft, Bd. 10, Freiburg i.Br. 1980, 132
4   G. Theißen, Das Neue Testament, München 2002, 113
5   Unsere Hoffnung auf das ewige Leben, Neukirchen-Vluyn 2006, 25
6   Zit. nach H. Gollwitzer, Mensch, du bist gefragt. Ausgew. Werke 3, München 1988, 248
7   Ebd., 249
8   D. Bonhoeffer, Widerstand und Ergebung, München/Hamburg 1967, 197
9   H. Joas, Braucht der Mensch Religion, Freiburg i.Br. 2004, 29f.
10 J.H. Clausen, Gottesklänge, München 2014, 106

Kapitel 16. Trost und Humor

1   P.L. Berger, Erlösendes Lachen. Das Komische in der menschlichen Erfahrung, Berlin 1998, 140
2   H.D. Hüsch, Du kommst auch drin vor, München 1990

Register

Alkohol	54f.	Kohelet	44ff.
Alltag	69ff.	Krankheit	34f.
		Kreuz	143ff.
Baum	84ff.		
Bestattung	163ff.	**L**eid	21f., 36
Bibliotherapie	97	Literatur	95f.
Blumenberg, Hans	105ff.		
Boethius	98ff.	**M**arx, Karl	109f.
Brecht, Bertolt	115ff.	Medikamente	55
Bücher	94ff.	Musik	170ff.
Chor	38, 177f.	**N**achbarn	65f.
Claudius, Matthias	91ff.	Natur	75ff.
		Nietzsche, Friedrich	112ff.
Depression	12, 35		
Deuterojesaja	124ff.	**O**ffenbarung des Johannes	145ff.
Eichendorff, Josef von	76f.	**P**aulus	128ff.
Engel	150ff.	Philosophie	98ff.
Enkel	60f.	Psalmen	135ff.
Familie	61ff.	**R**atgeberliteratur	14, 41, 52f.
Fernsehen	51f.	Religionskritik	108ff.
Feuerbach, Ludwig	108f.	Rituale	38, 56ff.
Freud, Sigmund	20, 31, 114f.	**S**chlaf	72f.
Freundschaft	59ff., 65	Schmerz	58
Friedhof	79ff.	Schopenhauer, Arthur	103ff.
		Seligpreisungen	141ff.
Garten	82ff.	Seneca	100ff.
Geld	56	Sinn	25ff.
Gesangbuch	154ff., 160ff.	Sorgen	31ff.
Gesten	23f.	Sterne	88ff.
Gesundheit	36		
Glauben	26f., 124ff.	**T**od	36ff., 119ff., 152ff.
Glocken	68	Todesanzeigen	39f.
		Trauer	37ff., 101ff.
Haustiere	64	Trostmittel	34ff.
Heine, Heinrich	76, 110ff.	Trostsprüche	17ff.
Himmel	145ff.		
Hiob	129ff.	**U**ntröstlichkeit	13, 119ff.
Hoffnung	48f., 147f., 152ff.	**V**ergänglichkeit	43ff.
Hüsch, Hanns Dieter	181ff.	Verlusterfahrungen	28ff.
Humor	179ff.	Vertröstung	19
Kirche	49f., 67	**W**ald	76ff.
Kirchtürme	67f.	Wandern	75f.